飛ばしの極意Ⅰ

実際のインパクトのあとに
もうひとつの
インパクトが
ある。

「ダブルインパクト」こそが
僕の理想形です!!

飛ばしの極意Ⅱ
振りすぎない80％くらいの力感で
しっかり効率よく振り切れると、
フィニッシュのあと
自然とこの位置に
クラブが収まります。
ここが〝真のフィニッシュ〟です!!

プロゴルファーはなぜ300y《ヤード》も飛ばせるのか

秀道流「飛ばし」の極意

田中秀道

GOLF スピード上達シリーズ

KKベストセラーズ

はじめに

僕は中学時代からプロゴルファーを目指してきましたが、そのうえで2つの大きな弱点を抱えていました。

ひとつは、体格です。

僕は身長166センチ。スポーツにおいてパワーを左右するいちばんの要因は、体格です。どんなに筋力トレーニングをしても、フライ級のボクサーはヘビー級のボクサーにはかないません。当時のプロゴルファーはいまほど大柄な選手が多くなかったとはいえ、プロのスポーツ選手を目指すうえでこれは決定的な不利でした。事実、日本プロゴルフ界のレジェンドとして世界で活躍してきた青木功《あおきいさお》さん、尾崎将司《おざきまさし》さん、中嶋常幸《なかじまつねゆき》さん、いわゆるAONはみな身長180センチ以上です。

中高時代の僕は、「お前の体格じゃプロは無理だ」と言われたこともありましたし、高校に入るくらいまでは飛距離も出ませんでした。

もうひとつの弱点は、経済的なものです。

いまでも子供をジュニア選手として育てるのには莫大なお金がかかります。ゴルフは、練習場で球を打つのにもコースでプレーするのにも、他のスポーツとは比較にならないくらいお金がかかりますし、クラブやボールも高い。当時からゴルフは「金持ちの子供がやるもの」という風潮があったなか、どちらかというと貧しい家庭で育った僕は、ほかの子供たちのように毎日練習場で球を打ちまくったり、会員権を買ってもらってコースで好きにプレーするということはできませんでした。

しかし、いま思うとこの2つの弱点があったからこそ、僕はプロになり、活躍することができたのだと思います。

飛ばなかったからこそ、どうすれば少しでも飛距離を伸ばせるのかを朝から晩まで考えていましたし、飛距離というものを見つめるうえで「人よりちょっと飛ぶ」くらいでは世界で戦えない、300y《ヤード》飛ばせるようにならなければ、という高い意識で努力することができました。

また、「お金がないから練習できない」などという言い訳はしたくありませんでしたから、球を打たなくてもできる練習方法を一生懸命考えましたし、球を打つだけが練習ではないということを人よりも強く理解し、試行錯誤を繰り返しました。

もちろん、大柄な選手や金持ちのボンボンに負けたくないという気持ちも強くあり、それがモチベーションになっていたことも事実です。

その結果、高校生くらいからグングン飛距離が伸び、ついには「飛ばし屋」と言われるまでになりました。プロとして通用する技術が身についたのも、かぎられた時間と球数を最大限有効に活用した練習の成果だと思います。

こうやって苦労してきた経験は、幸か不幸か、いろいろなことを考える機会を与えてくれました。最初から苦労なくできてしまう天才肌の人よりもみなさんの感覚に近いところにいるのかなと思います。本書では、その経験をみなさんにお伝えしていきますので、飛距離アップ、スコアアップのポイントをつかんでいただきたいと思います。

僕は練習してきた量には自信がありますが、その内容は誰にでもできるものです。「ヒデミチにできたんだから、ボクでもできるはず」というくらいの気持ちで、チャレンジしてみてください。

田中秀道《たなかひでみち》

目次

第2章 プロに近づく飛ばしのメカニズム

第3章

プロに近づく飛ばしの極意

第4章 プロに近づく飛ばしの練習

第1章

プロに近づく飛ばしの哲学

HIDEMICHI TANAKA

ゴルフは飛べば飛ぶほど有利なスポーツだ

「飛ばし」という要素は、僕のゴルフにおいて、もっとも大きな位置を占める非常に重要なファクターです。プロを目指していたジュニア時代からいま現在に至るまで、飛距離の追求を忘れたことは片時たりともなく、つねにそれを追い求めてきました。もしみなさんが、田中秀道というプロゴルファーに対して、「小柄なのに飛ばすヤツ」という印象を持っていらっしゃるなら、それは光栄なことです。

なぜなら、**ゴルフというスポーツにおいて、飛距離というファクターは非常に大きなアドバンテージ**だからです。ドライバーが飛べば、2打目はよりグリーンの近くから、より小さな番手で打つことができます。その結果、ピンを狙う精度が必然的に上がり、よいスコアでプレーできる可能性も上がります。

とくに、硬くて速いグリーンや長く絡みつくラフを備えたハードなセッティングのコー

飛距離を求める気持ちを忘れないで！

ドライバーが飛べば、2打目をより小さい番手で打つことができ、グリーンオンの可能性も、ピンに近づく可能性も高まる

スで戦うプロゴルファーにとっては、飛べば飛ぶだけ確実に有利。「飛距離を求めることは、生き残ること」と同義と言っても過言ではありません。

280y真っすぐ飛ばすには300yのポテンシャルが必要

飛ばなくても上手い人はごまんといますが、その人は飛ばないから上手いわけではありません。飛ばないのに上手い人が飛ばし屋になったら、もっとスコアがよくなることは疑いようがありませんよね。

「飛ぶ人は曲がる」「飛ばなくても曲げないほうが有利」と言う人もいますが、そこには大きな誤解とごまかしがあります。

まず大前提として、曲げる人は「下手な人」です。ショットの精度の高さは、飛距離ではなく技術によって決まります。あなたより飛ぶプロゴルファーは、あなたよりも曲がりますか？　そんなことはないはずです。

もうひとつ言えることは、曲がる人は「振り回す人」です。仮に、ドライバーの平均飛距離がほとんど同じの「しょっちゅう球が曲がる人」と「ほとんど曲がらない人」の2人のゴルファーがいたとします。**曲がる人は何が問題かというと、自分のコントロールを外れたところまで無茶振りしている点です。曲がる人がいつも100％のスイングで250y飛ばしているとしたら、曲がらない人は80％のスイングで250y打っているのです。**

僕は、ゴルフを始めたころは、体が小さいせいもあって、飛ばない少年でした。しかし、プロになってツアーで勝つためには、「280y真っすぐ打つ」能力が必要だと考えていたので、まず何よりも飛距離を伸ばすことが絶対的な課題でした。

では「280y真っすぐ打つ」ためにはどうすればいいかというと、「曲げてもいいから300y飛ばす」能力を身につけることなのです。300y打てるポテンシャルがあれば、少し抑えて曲げないように打っても、280y打てるはずです。100％のスイングで280yしか打てない人は、曲げずに280y打つことはできません。

「曲げない人は上手い人」「曲げない人は飛ばせる人」――つまり、曲げずに飛ばせる人は上手い人でもあるんです。**飛距離を出すためには、エネルギー効率がいい理に適ったスイングが不可欠**です。「ショットの精度が高い」＝「ゴルフが上手い」のも当たり前。飛ばしを追求することは、ゴルフの上達とほぼイコールなのです。

深く捻転され
力がたまった
トップ
力みなく
静かに切り返して
ダウンスイング
バランスよく
振り切った
フィニッシュ
振り戻した
ところで
球を見送る

田中秀道のドライバーショット１ 正面

１００％のスイングは、実は「スピード違反」!!

飛距離アップを目指すうえで最初に強く言っておきたいこと。それは、「１００％のスイングはスピード違反」ということです。

アマチュアにとっての１００％のフルスイングのほとんどは振りすぎで、アウト・オブ・コントロールのスイングです。一方、プロのフルスイングはどんなに強振していても、フィニッシュがピタリと収まります。**フィニッシュでバランスを崩してグラついてしまうスイングは、どんなに強く振っているつもりでもヘッドは走らず、ミート率も下がって実際には飛びませんし、もちろん曲がります。**

その意味では、プロにとっての１００％のスイングは、アマチュアにとっては70〜80％くらいに感じるかもしれません。パワーの放出量という点ではそうでしょう。しかし、実際に球を飛ばすうえでは、その70〜80％の力感のスイングこそがもっとも効率がよく、へッドスピードもミート率も上げられるスイングなのです。

つまり**「飛ばし」とは、いま100%で振っているスイングを、120、130%で振れるようにするのではなく、80%のスイングで出せる出力を上げていく作業**なのです。ちょっとわかりにくいたとえかもしれませんが、8000回転でレッドゾーンに入ってしまうエンジンを、1万回転まで回るようにするのではなく、同じ8000回転でもっと大きなパワーを出せるようにすることとも言えます。

そのためには、筋力アップもひとつの有効な手段です。純粋にパワーアップすれば、同じ80%の感覚で振っても、ボールに伝わるエネルギーはアップします。ですから、「飛ばしたかったら筋トレをしなさい」というのはあながち間違ってはいません。

しかし、アマチュアゴルファーの場合はとくに、スイングが未完成で向上の余地が大いにありますから、スイングの質を向上させれば、筋力アップ以上の効果を得ることができます。それは、ちょっとしたコツや気づき、そして努力で身につくものです。筋力に頼る前に、スイングを見直しても損はないはずです。もちろん、筋力アップと平行してスイング改造をすれば、より大きな効果が期待できるはずです。

スイングをコントロールできていれば、フィニッシュもバランスよくピタッと収まって、左足1本で立っていられる

○

フィニッシュはスイングのバロメータ

振りすぎてバランスを失うと、最後まで振り切れず、フィニッシュで静止できずにグラついてしまう

✕

「道具の進化」を活用しよう

「100%で振ってはいけない」ということは、クラブの進化にともなって、近年とくに重要さを増してきています。ドライバーのヘッドがパーシモンだったころは、球がつかまりにくく、上がりにくく、そしてフェースも弾きませんでした。そして何よりシャフトが重くて硬く、思い切って叩かないと飛距離は出せませんでした。

しかし、いまどきの大型ヘッドドライバーやカーボンシャフトは、そういった余計な力を使わなくても、球がつかまって上がりやすく、フェースが弾き、そしてシャフトもスムーズにしなります。

こういう**クラブの性能を引き出すために求められるのは、スムーズさであり、リズムやタイミング**なのです。パワーでシャフトをしならせるのではなく、シャフトがスムーズにしなるようなリズム、タイミングで振ってあげることが大事なのです。

ドライバーは近年大きく進化した

ヘッドサイズが大型化し、フェースの弾きもよくなり芯も広くなった。シャフトも軽くなり、スムーズにしなるようになった

軽く振った「から」飛ぶんだ

では、飛ばしのカギとなるタイミグやリズムとは何なのか。

みなさんも、「軽く振ったのに飛んじゃった」という経験をしたことが一度や二度はあるのではないでしょうか？　たとえば、短いパー4で「飛ばさなくていいや」と思って振ったら普段よりも飛んでいたとか、アイアンで刻むつもりで軽く振ったら飛びすぎたなどというケースです。

実はこれこそが「飛ぶ力加減」なのです。軽く振った「のに」飛んだのではなく、軽く振った「から」飛んだのです。

飛ばそうとしないから余分な力が抜け、スムーズに切り返すことができ、ビハインド・ザ・ボールを維持できて、ヘッドが走るのです。

腕や上体はその力感のまま、もっと体をしっかり使って振ることができれば、飛距離はさらに伸びます。飛距離アップのためには、よい動きを身につけることももちろん大事ですが、どの段階においても、絶対にこの〝力感〟を忘れてはいけません。

「飛ぶ力加減」を知ろう

飛ばそうと力いっぱい振るよりも、力みなく、軽めの力感で振ったほうが体もクラブもスムーズに動き、ヘッドが走って飛距離が出る

飛ばしには「効率」が大事！

ドライバーの飛距離をアップさせたいと思ったとき、みなさんは何が必要だと考えますか？

まず思い浮かぶのが、「ヘッドスピード」を上げることでしょう。先ほどもお話ししたとおり、ヘッドスピードを上げるには、パワーアップがいちばん手っ取り早い方法です。単純に、パワーアップすればよりクラブを速く振ることができるわけです。

ですが、エンジンのサイズアップ（筋力アップ）をせずに、いま持っているパワーをより多く出そうとすると、理想の70～80％の力感を越え、振りすぎてバランスを崩すことにつながります。アマチュアの「マン振り」の多くが、この状態です。

スイングを整えることとは、**同じ80％のスイングでもより効率よくヘッドを走らせ、ヘッドスピードを上げる**ことが目的です。

これと同時に、**「ミート率」**も大事な要因です。ミート率とは「ヘッドスピードに対するボールスピード」で表わされ、スイングのエネルギーをどれだけムダなくボールに伝えられるかを意味します。単純にいうと、「いかに芯で球をとらえられるか」です。

実はこれもスイングの力感と大きく関係しています。自分がコントロールできる範囲を超えたスイングをしてしまうと、インパクトは安定せずにバラツつき、ミート率も悪くなります。その意味では、ここも効率が大事です。

飛距離を左右するもうひとつの大きな要因は、打ち出し角やスピン量によって左右される**「弾道」**です。どんなに速くスイングしてボールスピードが速くても、ボールの打ち出し角が高すぎたり低すぎたりしたら十分な飛距離は出せません。また、バックスピン量が多すぎたら吹き上がって飛びませんし、少なすぎたらドロップして十分なキャリーが出せなくなります。

これも、もっとも飛ぶ効率のいい弾道を求めることが大事ですが、スイングがある程度整ってさえいれば、あとはクラブの影響が大きい要因です。自分のスイングに合ったヘッド、ロフト、そしてシャフトを選ぶことが、最適弾道への近道です。

クラブの運動エネルギーを効率よくボールに伝えるためには、ボールをクラブヘッドの芯でとらえることが重要だ
ミート率1.5を目指そう
理想的な軌道で、ボールを真芯でスクエアにとらえられると、ボールスピードはヘッドスピードの1.5倍くらいまで達する

インパクトの効率を最大化しよう！

飛ばしの出発点はドローボール

飛距離アップを目指すうえで、アマチュアの方には一度は必ず「ドローボール」を打つ経験が必要だと僕は思っています。

これはドローがフェードより飛ぶ、ということではありません。人には自分に合ったスイング軌道があるので、最終的に気持ちよく振ったときの球筋がドローであってもフェードであっても大きな問題はないでしょう。実際はスピンが少なめでランも出るドローのほうが飛ばしという点では有利かもしれませんが、フェードヒッターが無理にドローを打つよりも、自分が振りやすいスイングでフェードを打ったほうがいい結果が出ますから。

ドローボールを打つためには、スイング中にフェースを返し、「球をつかまえる」という感覚が必要不可欠です。ボールにスイングのエネルギーをしっかり伝えて飛ばすためには球をつかまえる必要があり、そのためにはドローのエッセンスが必要なのです。

球を“つかまえる”感覚を身につけよう！

フェースをしっかり返し、球をつかまえる技術を身につけるのは、飛ばしの必須条件。その出発点はドローボールにある

本当の「真っすぐ」はちょっとドローする球

ゴルフスイングは自分の体を中心とした回転運動でクラブを振り、（右利きの場合）左方向に球を飛ばします。

この動きのなかに、フェースを開いて閉じるというローテーションが加わることで球がつかまります（左図上）。フェースローテーションがないままスイングすると、球はつかまらずスライスしてしまいます（左図下）。

実際は、この動きは図のような静的なものではなく、動き続ける動的なものですから、**インパクトの瞬間はフェースが「閉じながら」当たる**ことになります。その結果、球がつかまり、ボールにエネルギーが伝わるとともにボールにフック回転がかかるため、いちばんニュートラルなスイングをした際は、限りなく真っすぐに近いほんのわずかなドローになるのです。

こういった動きは、最初は極端な動作から始めることが重要です。まずは球をフックさせることを覚え、それを少しずつ抑えることが飛距離アップにつながるのです。

フェースローテーションは必須の動作

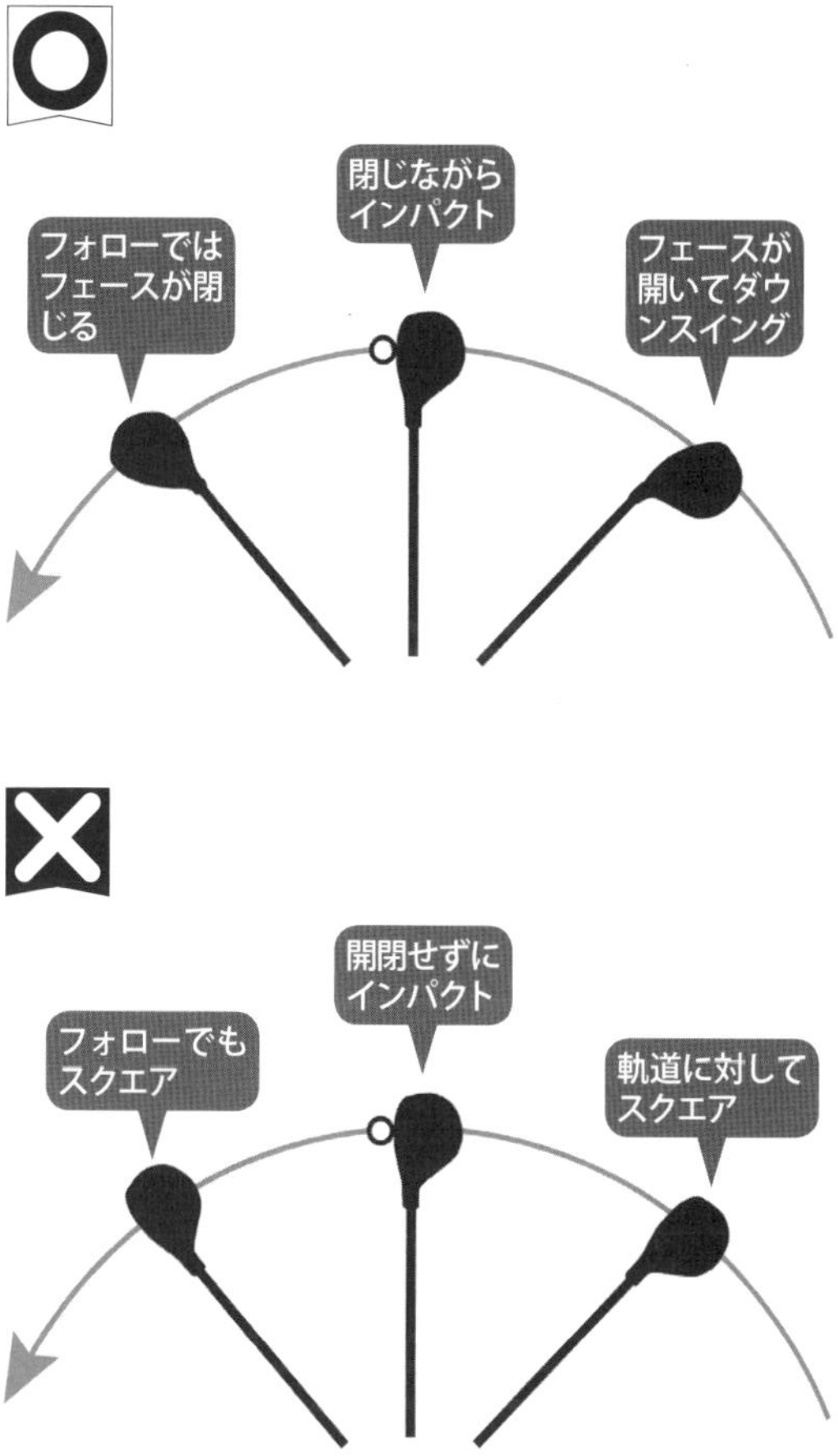

上の図はスイング軌道に対してフェースの開閉があり、インパクトではフェースが閉じながら当たることで球をつかまえる。下の図は軌道に対してつねにスクエアなので球がつかまらずスライスしてしまう

スイングは変わり続けなければならない

具体的なレッスンに入る前に、みなさんに伝えておきたいことがあります。それは、「スイングはつねに変わり続けなければならない」ということです。

ゴルフというスポーツは、いっとき好調が訪れても、次の日にはその好調がキレイさっぱりどこかに行ってしまうこともめずらしくありません。

たとえば、昨日は「テークバックで右にしっかり乗ろう」と思って上手くいっていた感覚が、翌日はオーバードゥ（やりすぎ）になってしまうこともありますし、逆にやっているつもりが不足になってしまうこともあります。

それは体調や気分のせいかもしれませんし、気候やコースのせいかもしれません。ですが、ゴルフスイングとはそんなものなのです。マッチしなくて当たり前。**いつでも共通する「いい感覚」「いいイメージ」なんて存在しない**と思ってください。

だからこそ、**いつも「いまの感覚」を探して、スイングを変え続けることを怖れないで**ください。ひとつところにとどまろうとしてはいけません。

スイングに"完成"はない

つねにズレ続ける自分の感覚を修正し、今日の自分がナイスショットできる「いまの感覚」を見つけることが必要だ

「自分のスイング」なんてなくてもいい

僕自身、スイングのイメージはつねに流動的なものでした。僕がトーナメントで優勝したときも、実は、ほとんどが誰かほかの選手のイメージでスイングしていました。

たとえば、１９９８年に大洗ゴルフ倶楽部で『日本オープン』に勝ったとき、僕ほとんどのショットをグレッグ・ノーマンのイメージでスイングしていました。大洗は、攻略にドローボールが必要とされるコースです。絶対に逆球を出さず、球を確実に左に曲げるために、ノーマンのインパクトで右足を後ろに引くような動作をイメージしながらスイングしたのです。99年の『アコムインターナショナル』に勝ったときはブライアン・ワッツのイメージで低い球を打ちましたし、２０００年に『中日クラウンズ』を勝ったときも、実はスイングが不調で左に突っ込むクセが出ていたので、それを払拭するために、倉本昌弘《くらもとまさひろ》さんのショートトップ・ハイフォローを意識してスイングしていました。

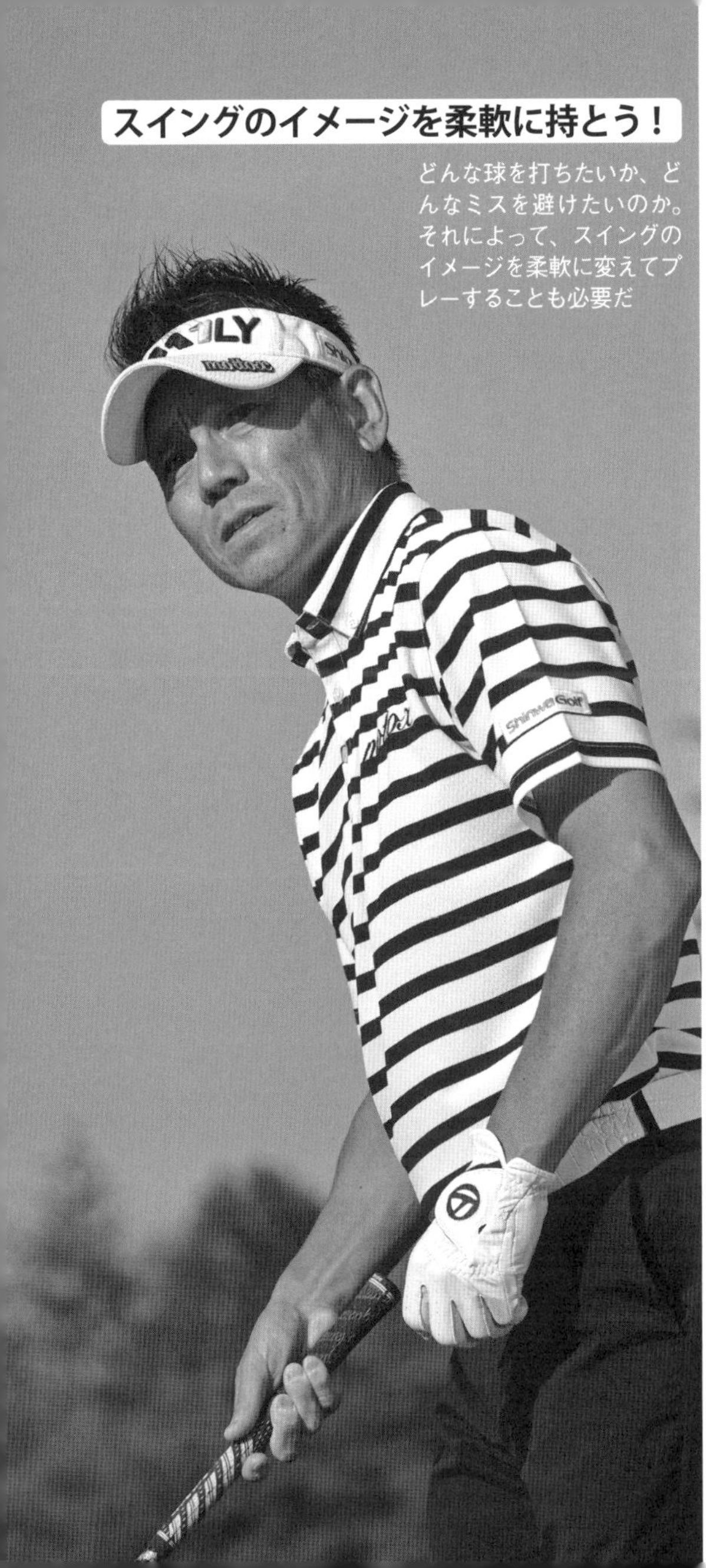

スイングのイメージを柔軟に持とう！

どんな球を打ちたいか、どんなミスを避けたいのか。それによって、スイングのイメージを柔軟に変えてプレーすることも必要だ

もちろん、自分に合ったスイングを求めることは必要ですが、**自分のスイングにこだわりすぎず、頭を柔軟にし、いつも「いまのスイング」を求める**ことを忘れないでください。

小柄でも、非力でも、飛ばしを諦めないで！

飛距離は、スコアメークのうえで大きなメリットがあると言いましたが、ではスコアにこだわらなければ飛ばす必要はないのかというと、僕はそうではないと思います。

みなさんも実感としておわかりだと思いますが、「飛ぶ」ということはゴルファーにとっての勲章であり、飛ばし屋はつねに憧れと羨望の対象たりえるのです。

僕自身、飛ばしにこだわってきた背景には「デカい奴らに負けたくない」という想いが相当強くありました。他の選手から「何だコイツ、小さいな」という目で見られても、コースに出て彼らよりも飛ばした瞬間、立場は逆転します。「飛ぶ」というのは、本当に気持ちがいいんです（笑）。

飛ばしには、体が大きいほうが圧倒的に有利なのは間違いありません。ボクシングや柔道があれほど細かく階級分けされているのは、体の大きさがパワーと比例するからです。

でも、**ゴルフはスイングを磨くことで、小柄な僕でも180センチを超える大型選手と互角の飛距離を出すことができます。**みなさんも、飛距離を諦《あきら》めないでください！

小柄だって飛ばせるのがゴルフだ

スイングを磨くことで、体格やパワーの不利を跳ね返せるのがゴルフの面白みのひとつ。みんなから「飛ばし屋」と呼ばれよう！

COLUMN.1

飛ばしの原点は倉本昌弘さん

僕のゴルファーとしての原点であり、最初に憧れた選手は、倉本昌弘さんです。

倉本さんというといまは「マッシー」と呼ばれることが多いですが、当時は「ポパイ」ともあだ名され、小柄ながらパワフルなスイングの飛ばし屋として活躍していました。僕がゴルフを始めた1980年代はちょうど倉本さんが強かった時期でしたし、同じ広島の出身ということもあり、親近感もありました。

初めて倉本さんのドライバーショットを見たときは、テンプラかと思うような超高弾道に驚きました。ドーンと高く打ち出していつになっても落ちてこない。「これがプロの球か！」と度肝を抜かれたものです。

以来、倉本さんのコンパクトなトップからハイフィニッシュに振り抜くスイングはお手本として真似をしましたし、そのときに見た弾道は、「世界と戦うためにはあのくらい飛ばさなければダメなんだ」という僕の飛ばしの基準となり、目標になりました。

僕がアメリカツアーに挑戦するモチベーションになったのも、小柄な僕が世界で戦うことが、僕にとっての倉本さんのように世の中のちびっ子の希望になれれば、という思いがあったのです。

第2章

プロに近づく
飛ばしのメカニズム

HIDEMICHI
TANAKA

グリップはできるだけゆるく握ろう

スイングの話をする際に、最初にチェックしなければならないのが「グリップ」です。

グリップは「クラブと体の唯一の接点」などと言われ、とても重要な部分のひとつですが、とくに重要視してほしいのが〝グリップを握る強さ〟です。**グリップを強く握り締めてしまった時点でスイングはスムーズさを失い、ヘッドを走らせて飛ばすことは不可能になります。手を強く握った瞬間、腕はもちろん胸や肩周りなどの上体に力が入り、肩の動きをロックしてしまうのです。**実際にやってみてもらうとわかりますが、手を強く握り締めたまま、肩をスムーズに回すことはむずかしいはずです。

プロには「左手の小指、薬指、中指の3本をしっかり握る」という人が多いですが、これはある程度コツをつかんで、肩をロックせずに手を「強く」ではなく、「しっかり」握れるようになって初めて有効な感覚です。

「握りの強さを変えずに振りたい」——

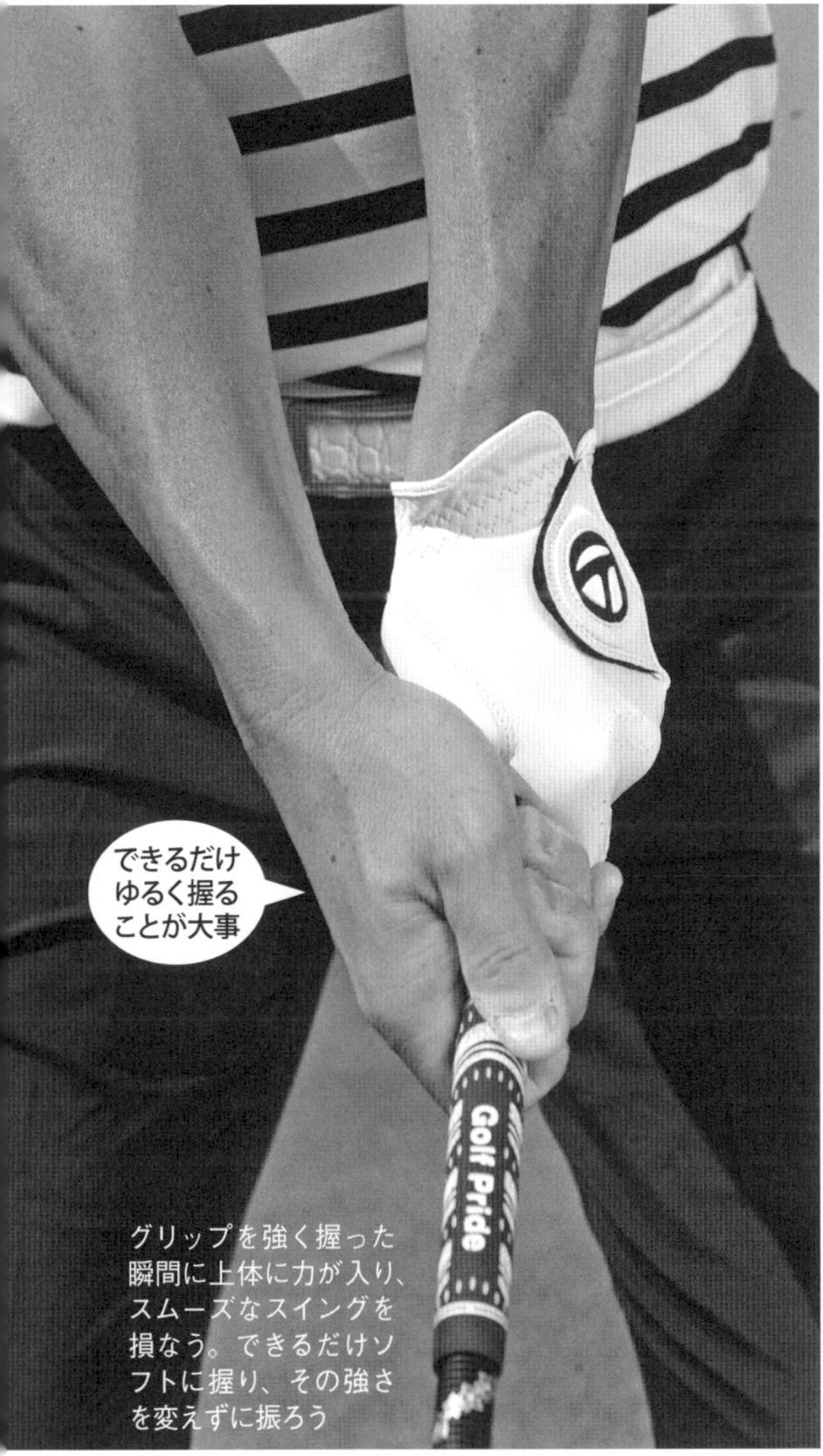

グリップを強く握った瞬間に上体に力が入り、スムーズなスイングを損なう。できるだけソフトに握り、その強さを変えずに振ろう

アドレスの段階からグリップはできるだけゆるく握り、その強さを変えずにスイングするイメージを持ってください。

スムーズに動き出せるように アドレスする

アマチュアの方の多くが「アドレス」の際、ボールに近すぎます。構えたときにボールに近すぎると、かかと側に体重がかかりやすく、お尻が下がってひざが前に出て前傾が浅くなります。これでは上体の前傾を維持してスムーズに回転することはできませんし、ダウンスイングでクラブを下ろしてくるスペースがなく、手元を浮かせたり、カット軌道で振るなどして余計な調節をしなければボールに当たりません。

アドレスにこれといった決まった形はありませんが、「動きやすい」状態であることが重要です。野球の守備やバレーボールのレシーブなどの際は、飛んでくるボールに対して瞬時に対応できるように構えます。ゴルフのスイングは止まったボールを打つのでこのことを忘れがちですが、同様に俊敏に動き出せる構えでなければ、始動の際に余計なアクションが必要になり、スムーズな動きを損ないます。

具体的には、**土踏まずより少し前、拇指丘《ぼしきゅう》あたりに重心を置き、股関節から前傾してバランスよく立ちます。**最初にひざを曲げてから前傾しようとするとお尻が下がりやすいので、ひざを伸ばした状態で上体を前傾し、最後にひざを少しゆるめるくらいの感覚で曲げるといいかもしれません。

もうひとつアドレスで守ってほしいポイントは、「腕」の状態です。アドレスを後方から見たときに、肩から腕がほぼ真下に垂れているくらいに見えればＯＫ。前に出しすぎると腕に余計な力が入りやすいですし、体に近すぎるのもスムーズなスイングを損ないます。**左腕はほぼ真っすぐ、右腕はひじを少し曲げて構え、肩のラインがターゲットに対してスクエアになるのが理想的**です。

目標に対して正しい向きで構えることは重要ですが、必ずしもアドレスが完全に目標にスクエアである必要はありません。プロゴルファーが真っすぐに構える人ばかりではないように、自分の打ちたい球筋やスイングのイメージによって、クローズに構えたりオープンに立ったりしても問題ありません。ただし、体のどこかに１ヵ所、そこさえ目標に向いていればＯＫだという、スクエアを意識できるポイントを作っておきましょう。

しっかり前傾したいい構え

ボールとの距離が適正で拇指丘あたりに重心がある「すぐに動き出せそうな」構え。股関節からしっかり前傾できている

股関節から前傾した「動きやすい」構え を作ろう

×
前傾の浅い悪い構え
ボールに近いためかかと体重になっていて前傾が浅い。グリップに力が入っているため上体に力みがありスムーズに動き出せない
力みがあって腕がスムーズに動かない
重心がかかと寄りでバランスが悪い
前傾が浅くボールとの距離が不十分

上下のバランスは4対6で下半身(低い位置)へ

アドレスのときに意識してほしい点のひとつが、「自分の重心位置」です。

僕はスイング中は、細かな形よりも、体の重心がボールに対してどこにあるのかを意識することが大事だと考えています。そのためには、アドレスの段階から自分の重心がどこにあるかを意識する必要があります。

アマチュアの場合、アドレスで上体が力んで浮き上がるため、重心がふわふわと高い位置にある人が多いように思います。これではスイングのバランスが悪くなり、ボールにエネルギーを伝えることもできません。

アドレスして目をつぶって、自分の重心を想像してください。ドライバーの場合、少し右足体重で構えますので、そのぶん真ん中よりわずかに右に来るのが適正でしょう。また、上下のバランスとしては「上が4」「下が6」くらいで、低い位置に来るようにイメージしてください。**ただ、お尻を落とすのではなく、深呼吸などしながら体の中の重心がおへその下あたりまでスーッと下がっていくようなイメージを持つ**といいかもしれません。

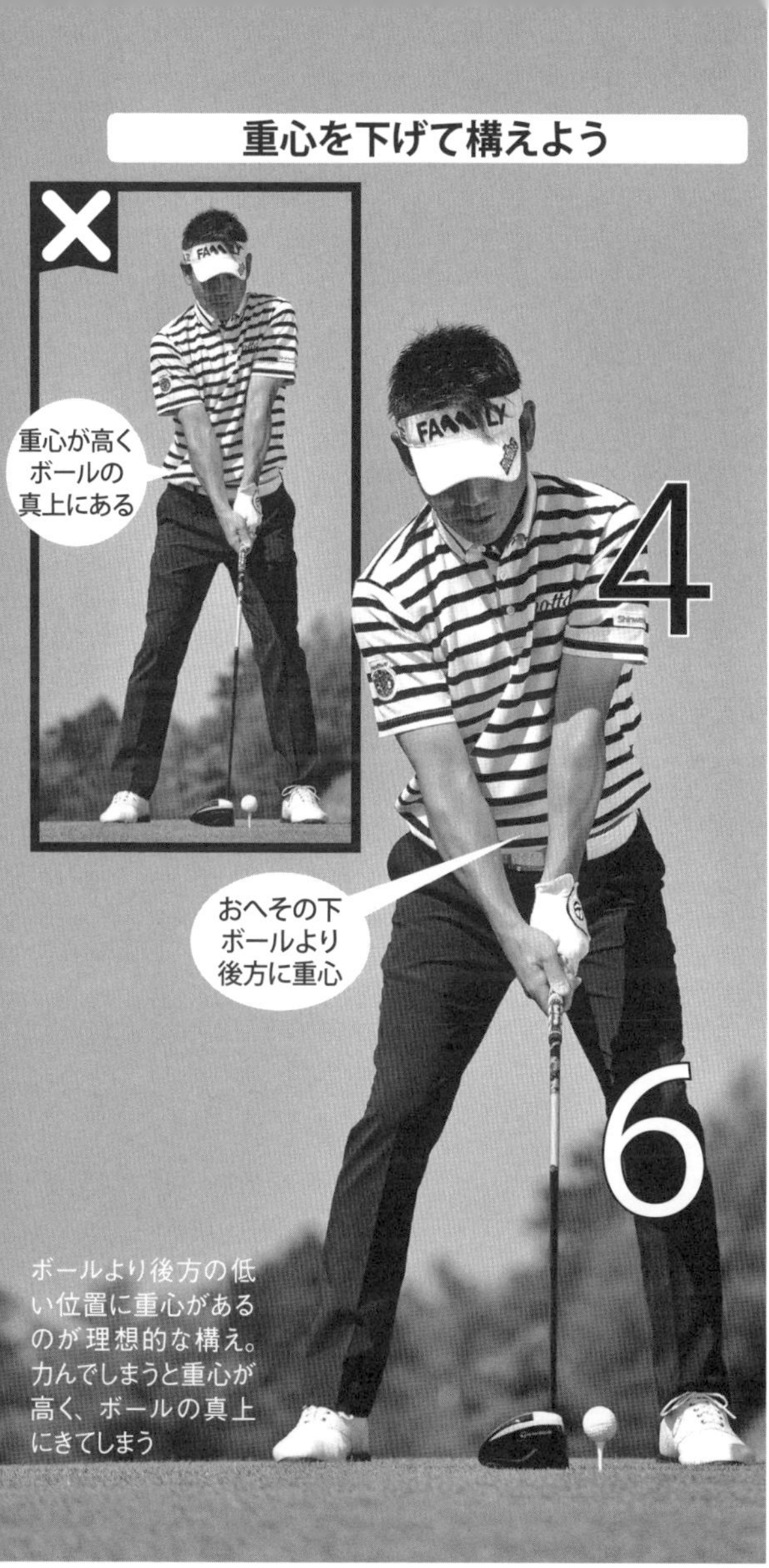

重心を下げて構えよう
×
重心が高く ボールの 真上にある
おへその下 ボールより 後方に重心
4
6

ボールより後方の低い位置に重心があるのが理想的な構え。力んでしまうと重心が高く、ボールの真上にきてしまう

「動」の状態を作っておくのが始動のコツ

アドレスという「静」の状態から、バックスイングという「動」の状態に切り替わる始動は、スイングのなかでもいちばん難しい部分のひとつです。

とくに**アマチュアの多くはアドレスでじっと止まってしまい、そこから手のアクションなどで一気に始動するため、手打ちになりやすい**傾向があります。

プロや上級者のなかには、クラブや手元を少しだけ前に出す「フォワードプレス」を行い、そこから振り戻すようなイメージで始動する人もいます。連続素振りのようなイメージを作れるため、始動をスムーズにするうえで非常に有効な方法です。またワッグルや足踏みなどの小さな動きも同様で、アドレスで完全に静止せず、動いている部位を残しておくことで、動き出すきっかけにしているのです。

アドレスに「動」の要因を取り入れるコツのひとつに、クローズスタンスに構える方法もあります。上体の向きに対してスタンスをわずかにクローズにしておくことで、構えた段階から少しだけ右の股関節が入った始動後の形をあらかじめ作っておくのです。

フォワードプレスも効果的！

完全に止まった状態からスムーズに始動するのは難しい。少しクローズスタンスに構えたりフォワードプレスをするとよい

飛んでくるボールを打ち返すように振りたい

ゴルフでも、野球やテニスのように、相手が投げたり、打ってくるボールに反応してスイングすることができれば、動き出しに悩むことはないでしょう。

始動をスムーズにする練習方法のひとつとして「エアートスバッティング」というものがあるので、一度試してみてください。野球のトスバッティングのように、**誰かがアドレスの位置にボールを投げてくれている様子を想像し、その想像上のボールの動きに合わせるようにスイングを始動する練習**です。もしくは、目標方向からボールが転がってくるのを打ち返すようなイメージでもいいでしょう。

いずれにせよ、スイングを受動的なきっかけで始動するイメージを持つことで、動き出しの意識を消すことが目的です。始動がスムーズになるだけでなく、「バックスイングの形は?」「どこまで上げるか?」といった細部にもこだわらなくなる効果もあります。

「エアートスバッティング」のイメージ

誰かにボールを放り投げてもらってそれを打ち返す「トスバッティング」のような受動的なイメージならスムーズに始動できる。実際には打たずに、練習では想像上のボールを打ちます

テークバックは「右後ろ」に上げよう

スムーズに始動できたら、スイングはあまり「こうやって動く」ということを具体的に考えたくありません。形や動きを考えてしまうと、そこに縛られて動きのスムーズさを損なう原因になるからです。

しかし実際は、僕たちプロであっても「ここに上げたい」「こう上げたい」というイメージはありますし、1つや2つのチェックポイントを持っています。そのうえでアマチュアに対してあえてアドバイスするなら、「テークバックは〝右後ろ〟に上げるイメージを持ってほしい」という点でしょうか。

アマチュアゴルファーの多くは、バックスイングを「上げる」という言葉に引っ張られるのか、「高いトップが飛ばせる」というようなレッスンの常套句のイメージがあるのか、テークバックで手を高く持ち上げ、アップライトに上げすぎているように思います。その結果、体の回転が不足し、手でクラブを担ぎ上げるようなトップになっている人を多く見かけます。

実際のスイング、とくにドライバーのスイングは意外にフラットなものです。もしプロのスイングをアマチュアがトレースしたならば「こんなに横振りなのか」と感じるのではないでしょうか。ただしこれは、イメージから来る勘違いでもあります。実際には前傾姿勢なりにスイングしているだけなのですが、みなさんのアップライトすぎるトップから比較するとフラットに感じるというだけのことです。

ちなみに、「ドライバーは横振り」というレッスンもよく聞きますが、これはアイアンと比べるとドライバーはクラブが長いぶんボールから遠くなり、軌道がフラットになるということを説明しているだけです。

一度、前傾せずに上体を直立したままクラブを水平に振る素振りをしてみてください。テークバックでクラブが背中の真後ろに回り込んでいませんか？　実際のスイングはこれを前傾して行うだけですので、普通どおりにアドレスして振ったとしても、**クラブが右後ろから背中側に回り込むような感覚が必要**なのです。

テークバックでは前傾姿勢なりの
軌道で上げることが大事。あまり
高い位置に振り上げようとすると
手打ちになりやすい

ヘッドが背中に回り込むようなイメージを！

高く上げすぎるとカット軌道や手打ちになりやすい

ボールと肩を結んだ線の延長線上にクラブが上がるイメージ

四股を踏むように股関節を使おう

テークバックでは「右の股関節」にしっかりと乗っていくことが重要です。

テークバックで、体を右に回すことにばかり意識が行ってしまうと、いわゆるスウェイが起こりやすく、右の股関節にしっかりと乗れずに体がねじれずに伸び上がってしまってエネルギーを蓄積できません。

テークバックでは、少し沈み込むようなイメージを持ってください。相撲の「四股《しこ》」の動きはみなさんご存知だと思いますが、極端に言えばあのくらいぐっと腰を落とすイメージがほしいのです。四股で左足を上げる前に右にグッと乗っていく動作を真似してみてみるといいでしょう。

このとき、右の腰をお尻側に少し引くような感覚があると上手く動けます。スイングでもその感覚を忘れないでください。

テークバックで右股関節に乗る

右のお尻を少し引くようにして、右足に真上から加重しながら腰を回していく。このとき、右腰やひざが伸びないように注意しよう
右腰を後ろに引くようなイメージ
腰とひざを伸ばさずに沈み込む感覚

トップではボールを「右上」から見よう

「テークバック」では、右方向への体重移動が起こります。しかしこれも、意図して右に乗ろうとすると動きが過剰になってスウェイする原因になるので、あまり意識してやってほしい動きではありません。クラブや腕などの重量物が右側に回り込むぶん、トップでアドレスよりも少し右に多めに体重がかかるのは自然なことですし、正しく動けていればトップでアドレスよりも左に体重がかかることはないからです。

また、**前傾した上体を右方向に回転するわけですから、正面から見たときに、頭の位置がアドレス時よりも若干「右」に動いていても構いません。**その結果、アドレス時よりも体がボールから少し遠ざかったように感じるかもしれません。

このボールの見え方を、スイング中維持することはとても重要です。そのためにも、トップでのボールの見え方はしっかり覚えておいてください。

アドレス時よりもボールが遠く見える

前傾したまま上体が右を向くため、頭の位置はアドレス時よりもボールから遠ざかる。スイング中、この見え方をキープしたい

「イチ、ニのサン」で切り返しの「間」を作ろう

「切り返し」では、一瞬すべてが静止する不動の瞬間を作るイメージを持ってください。

厳密に分析すると、テークバックでまだクラブが上がっているうちに、下半身からダウンスイングが始まり、決して動きが止まるわけではありません。しかし、この「下半身リード」というような言葉に引っ張られて意識的にそのように動こうとすると、往々にしてスイングのリズムを損ないます。この感覚はあくまで無意識下のもの。できるようになって、あとから人に聞かれたときに初めて「たしかに、下半身から動いているかもしれない」と気づくくらいのものであってほしいと僕は思っています。

アドバイスするなら、スイングのリズムを「イチ、ニ、サン」ではなく「イチ、ニのサン」に近い感覚でイメージするといいかもしれません。この「の」の部分がスイングの「間」を生むのです。

切り返しに「間」を作ろう

切り返しで「クラブの重さ」を感じよう

グリップはできるだけゆるく握り、その強さを維持して振ると説明しましたが、グリップの握りがいちばん強くなりやすいのが「切り返し」です。「ボールに当てたい」という気持ちが生まれると、腕にムダな力が入り、グリップを強く握る動きにつながります。その結果、腕の振りはスムーズさを失い、切り返しで上体をボールに向かって突っ込ませます。この瞬間、スイングはバランスを崩し、軌道は乱れ、エネルギーもロスします。

切り返しで一瞬、クラブの重さを感じる瞬間を作ってください。その瞬間が、切り返しの「間」になります。

クラブを立てて片手で持ってみるとわかりますが、グリップをゆるく持っているときは感じられていた重さが、手にギュッと力が入った瞬間、どこかに消えてしまいます。スイング中も、この重さを感じてスイングすることが重要なのです。

力んだらクラブの重さは感じられない

アドレス時の
グリップの
力感を維持
つねに
ヘッドの重さ
を感じる

グリップに余計な力が入っていると、クラブの重さを感じられなくなる。切り返しでもアドレス時と同じクラブの重さを感じよう

「捻転差」が飛ばしのエンジン

腕や上体にムダな力が入らず、切り返しで一瞬の「間」が作れれば、下半身と上半身の間に「捻転差」が生まれます。手元をトップの位置に置いたまま体がダウンスイングを始めることによってねじれが生まれ、インパクト前後でそのねじれが解放されることでヘッドが走り、球を飛ばすパワーが生まれるのです。この捻転差は、意識的にどこかをねじろうとしたり力を入れたりしても生み出すことはできません。

たとえるなら、野球のピッチャーがボールを投げるときのような動きです。体が開かないままず肩が出て、次にひじが前に出ていって、最後にスナップが効いてボールを投げるというような、順序だった動きによって自然とねじれ、それが解放されていきます。

このねじれを生むためにも、**上半身はトップの位置に残したまま、決して左に突っ込んではいけません。**「ビハインド・ザ・ボール」こそが、捻転差を生む絶対条件なのです。

ダウンスイングは下半身から始まる

手元や上半身をトップの位置に置いたまま、下半身から先に動き出すことで上下の捻転差が生まれ、飛ばしのパワーとなる

ヘッドはトップに置いたまま
下半身から切り返しがスタート

ダウンスイングは「右足ベタ足」でＯＫ！

切り返しで間が作れれば、上下の捻転差が生まれるので、「まだ上体がトップの位置に残ったままダウンスイングが始まるような感覚」が生じます。よくレッスンで「胸を右に向けたままクラブを下ろしてくる」と表現される動きに近いかもしれません。極端ですが、「ダウンスイングで手元が右下方向に落ちてくるような感覚」があってもいいでしょう。

これができずに、**ダウンスイングの早い段階で上体が開いてしまうと、スイング軌道がカットになり、手元をボール方向にぶつけるようなダウンスイングになってしまいます。**

上体が開いてしまう原因のひとつに、右かかとが浮いて右ひざが前に出る動きがあります。こうなると右サイドが詰まってクラブを下してくるスペースがなくなり、カットに振らざるを得なくなります。ダウンスイングでは、右足をベタ足で振るくらいの感覚で、体が開かないように我慢してください。

下半身が粘れば体は開かない

ダウンスイングで右足のかかとを浮かさず、右ひざが前に出ないように注意。右足が動きすぎると体が開いてカット軌道になりやすい

「ダブルインパクト」が飛ばしの秘訣!!

僕が飛ばしにおいて非常に重要視しているのが、「インパクトのイメージ」です。「インパクトで球を打つのではなく、フォローで球を打つ感覚」でスイングしたい。**クラブヘッドがいちばんスピードに乗るタイミングを、インパクトではなくフォロースルーに持ってきたい**ということです。

インパクトの瞬間にヘッドを最速にしようとしてスイングすると、どうしてもそこで力みやすく、その力みがヘッドの減速を生み、飛ばしの障害となります。だから、ヘッドが最速になるポイントがフォローに来るようなイメージで振り、実際のインパクトは通過点であるかのようにスイングするのです。その結果、インパクトが「点」ではなく「ゾーン」になり、より力強く、効率よく球を押すことにもつながります。実際のインパクトのあとにもうひとつインパクトがある**「ダブルインパクト」**こそが、僕の理想形なのです。

〔ダブルインパクト〕フォローにもうひとつインパクトを意識する

フォローでは「右の肩甲骨」が引っ張られる感覚がある

2つ目のインパクトとなるフォローでヘッドスピードを最速にするためには、やはり腕力に頼ってクラブを振ってはいけません。遠心力で加速していくクラブに腕や肩が引っ張られるような感覚が必要です。

ビハインド・ザ・ボールでインパクトし、フォロースルーでもその状態を保てれば、右サイドに残った体を右腕とクラブが目標方向に引っ張ります。フォローでは「右の肩甲骨が伸びていき、それに引っ張られてフィニッシュに向かって行くような感覚」です。

もちろんこれも意識的な動きではなく、「スムーズに振ればそう感じる」という結果論的なもの。フォローで肩甲骨を押し込もうとしてスイングするのではなく、「どうやって振れば肩甲骨が引っ張られるように感じるだろうか」と試行錯誤することが重要です。

大事なのは、上体が左に突っ込まず右に残ったまま振り抜くことです。

右肩に引っ張られてフィニッシュに収まる

インパクト後までボールの右にとどまっていた体が、体の回転に伴って右肩甲骨に引っ張られてフィニッシュに向かって行く

陸上競技のハンマー投げのようなイメージで振れれば、この感覚に近づけるかもしれない

クラブを振り戻したところが〝真のフィニッシュ〟

実際のインパクトのあと、フォローにもう1つインパクトがあるイメージでスイングするということは、スイングの順番が1つずつうしろに繰り下がっていくことを意味します。つまり、「実際のフィニッシュがフォローになる感覚」ということです。

ではイメージ上のフィニッシュはどこかというと、最後までスイングを振り切ったあと、振り戻すように手元が胸の前に収まったポジションです。左ページの下の写真のように、自分の打球を見送っている姿こそが〝真のフィニッシュ〟なのです。試合のテレビ中継を見ていると、多くのプロがこういった姿勢で球を見送っているはずです。

振りすぎない80%くらいの力感で、しっかりと効率よく振り切れると、フィニッシュのあと、自然とこの位置（振り戻したところ）にクラブが収まります。ここで球を見送れていれば、下半身がグラつかずにバランスよく振り切れている証拠です。

振り切ったところで終わりではない

フィニッシュまで振り抜いたところから、振り切った反動で自然とクラブを振り戻してきたところが真のフィニッシュだ

反対に、（通常の）フィニッシュでバランスを崩してしまっては、クラブを振り戻してこの位置でピタリと止まることはできません。

フィニッシュはカッコよく！

「フィニッシュ」はスイングの終着点です。「終わりよければすべてよし」という言葉もあるように、いいスイングは例外なくフィニッシュがキレイに収まっています。

最終的に収まる位置は、ドローなら高めに、フェードなら低めになりやすいなど球筋によって変わりますし、その人の柔軟性によっても変わりますので、必ずしもベストな形があるわけではありませんが、写真で見て「カッコいい」ことが絶対条件です。

カッコいいといってしまうと主観的ですが、**グラつかずに左足１本でピタリと静止できて、ボールが着地するまで見送れる姿勢**ということでしょうか。なかにはフィニッシュで左足の内側がめくれる人もいますが、それでもグラつかなければＯＫです。左足がグラついていると、前述の振り戻した「第二のフィニッシュ（真のフィニッシュ）」に戻れません。

グラついてしまう人や最後まで振り抜けずに途中で止まってしまう人は、上体が脱力できていない場合がほとんどです。フィニッシュに至るまでのどこかで力んでいる証拠ですので、さかのぼってチェックしてみてください。

バランスよく立てるフィニッシュを目指そう
気持ちよく振り切ってバランスよくボールを見送れるフィニッシュが取れなければ「第二のフィニッシュ」に振り戻せない
ボールの行方を最後まで見送れる
上体は力まずリラックスしている
腰は完全に目標方向を向いている
左足1本でピタリと立てる

僕の感覚を鵜呑みにせずに、理解する努力が大切

ここまでスイングの具体的な動きについてひととおり説明してきましたが、本来は、こういった動きに関しては、あまり細かく考えずにスイングできるほうがいい。考えすぎることは、スイングにも、ゴルフ全体にもあまりいい影響はありません。

またスイングは、写真でブツ切りにして「トップはこう」「インパクトはこう」と説明すると誤解を生みやすく、本来の流れやリズムを損なう原因にもなります。

たとえば僕の「ダブルインパクト」という表現も、実際にフォローで球を打つわけではありませんし、インパクトやフォローの形を真似しても、同じ感覚にたどり着くことはできないでしょう。「下半身リード」というような表現も、写真で見ればたしかに、切り返しでは上半身よりも先に下半身が動き出していますし、そういう感覚がないわけではありません。ですが、切り返しを意識的に左足の踏み込みや左への体重移動から始めているか

ということ、僕はそうではありません。反対に、そういう感覚を強く持ってスイングしている人もいるので、「そうではない」と断言することもできません。

このように**スイングは、自分の「内部の感覚」と、写真などで「外部から見える動き」に大きなギャップがある**ものです。この章で説明してきたことは、そのギャップについて考慮しつつ、「僕自身はこういう感覚でやっている」という部分と「客観的に見ると、こうなっている」という部分を最大公約数的に表現したにすぎません。

こうやってレッスンについて語ったり、雑誌のレッスン取材などを受けるたびに僕は、「できればすべての読者にマンツーマンで教えたい」と思ってしまいます。しかし、それはどだいムリな話ですし、こうやって本になるからこそ、多くの人に知ってもらえることであるのも事実です。ですから、無責任に聞こえるかもしれませんが、これを読まれる方自身が、誤解のリスクを意識しつつ、鵜呑みにしないで自分の頭で考え、自分のスイングに当てはめて考えるようにしてください。ときには、ほかのレッスン書などに書いてあることと比較しながら、「この表現は、この人のこの感覚と同じことを言っているかもしれない」などと、俯瞰《ふかん》して見てみるのもいいかもしれませんね。

右股関節に
しっかり乗った
トップ
インサイド
からボール
をとらえる
バランスよく
納まった
フィニッシュ
振り戻した
ところで
ピタッと静止

田中秀道のドライバーショット2 後方

COLUMN.2

タイガー・ウッズは「ケンシロウ」のようだった

僕たちの世代にとって、タイガー・ウッズは特別な存在です。彼は僕よりも３学年ほど年下ですが、概ね同世代。とくに飛距離にこだわっていた僕にとって、ライバル心がなかったといえば嘘になるでしょう。

しかし98年のカシオワールドで一緒に回ったときの彼の印象は、マンガ『北斗の拳』の主人公「ケンシロウ」のようでした。いわばマンガのような別次元のゴルフだったんです。

もちろん飛距離やショットのキレもすごかったですが、彼のメンタルの強さには本当に驚きました。

たしか２日目だったと思います。リズムを崩して6、7、８番を３連続ボギーとしたタイガーは、次の９番ホールで２打目をピンの左上４メートルにつけました。そして、大きくスライスする下りのバーディパットを1.5メートルもオーバーさせ、さらに返しをガツンと打ってまた大きくオーバーさせたんです。

結局３パットのボギーだったわけですが、ボギーが続いているときでも決して合わせず、ゆるめずに同じようにストロークし続けるというのは、並大抵のメンタルではありません。まぎれもなく世界最高峰の３パットでした。

第3章

プロに近づく飛ばしの極意

HIDEMICHI TANAKA

飛ばしの極意は「右サイド」で打つこと

本章では、ボールをできるだけ遠くに飛ばすために必要な「コツ（極意）」について説明していきたいと思います。

その「飛ばしのコツ」のなかでも、僕がもっとも重要だと考えていることは、「右サイドで打つ」ことです。**テークバックの始動からフィニッシュの直前まで、できる限りずっとボールよりも右側（飛球線に対して後方）に体を置いてスイングしたい**のです。

ゴルフには「ヘッド・ビハインド・ザ・ボール」という言葉があります。これは文字どおり、インパクトのときに頭がボールより後方にある状態を指し、スイングの鉄則のひとつです。僕はこれをインパクトだけでなく、スイング中できるだけ長い時間保つことが大事だと考えています。

これが崩れやすいのが切り返しの瞬間です。「飛ばそうという意識」や「当てたいという意識」が働くと、どうしても体がボールに向かって行ってしまい、上体が左に突っ込みます。この瞬間、上半身と下半身の捻転差は失われ、クラブをタメて下ろしてくることができなくなります。

また、クラブをインサイドから下ろすスペースも失われ、アウトサイドからカット軌道で振ったり伸び上がったりするなど、当てにいくために何らかの形で余計なアジャストが必要になります。

さらに、インパクト以降で体が左に流れてしまうと、フォローでのクラブと体の引っ張り合いができなくなり、ヘッドを走らせることができません。振り子が左に振れようとしているときに支点が一緒に左にスライドしてしまうのと同じで、大きなエネルギーロスになります。

だからこそ、スイング中に自分の重心の位置を意識することはとても大事です。アドレスの段階から、いま、自分の重心がどこにあるのかを感じ、それがボールを打ち終わってフォロースルーに達するまで、絶対にボールよりも左に流れないように意識しながらスイングしてください。

アドレスからフォローまで、体をボールより右側（飛球線後方）に置いたままスイングすることが飛ばしの最大の秘訣

体をボールの右サイドにキープする

意図的な体重移動はリスクが大きい

ゴルフのレッスンにおいて、インパクト以降まで右サイドに重心を残しておくことはタブーとされてきました。右に体重の残ったフォローは「明治の大砲」と呼ばれ、スライスの最大の原因のひとつとして忌み嫌われています。事実、多くのレッスンで、「切り返しでしっかり左に踏み込み、インパクトでは左体重」と教えています。

ですが、僕自身はこの教えには否定的です。

たしかに僕のスイングの連続写真を見ても、インパクトでは右足よりも左足に多くの体重がかかっているように見えるかもしれませんし、何かの機器で計測してもそういうデータが出るかもしれません。しかし、**僕自身のなかに、左に乗る意識はゼロ**なんです。この形を真似しようとしてスイングした瞬間、体はボールに向かって突っ込み、すべてが台無しになります。前の章で「下半身リードは意識したくない」と言いましたが、写真で見え

体重移動を意識すると突っ込みやすい
スイング中に左への体重移動は起こるが、意識的に行おうとすると、左への突っ込みの原因になりやすく、非常にリスキーだ
ボールより左に上体が突っ込む

ているような形を作るために意識的に体重移動をしようとするのは、悪影響のほうが大きくなりやすいのです。

スイングは「右」「右」「右」「右」、最後に小さく「左」

ドライバーの場合、アドレスでも少し右体重。**テークバックからトップではしっかりと右に体重が乗っていき、切り返し、ダウンスイングからフォローまでずっと右サイドに体を置いたまま振っていきます。そして、フォローの後半で右の肩甲骨がクラブに引っ張られて目標方向へと押し込まれていくのにつられて、フィニッシュで少しだけ左に乗る感覚です。**ここに、自分で意識的に左に体重移動する動作はひとつもありません。

「右に残ったまま打ったらスライスしそう」と感じる方もいるかもしれません。しかしそれは、球をつかまえる動作ができていないから。アウトサイド・イン軌道の人が、そのまま右重心でスイングしたら、たしかにプッシュスライスになります。なぜなら、球をつかまえられずにスライスするスイングを、カット軌道で極端に左方向に振ることで相殺していたのに、右重心のスイングでカット軌道を消したら、右に出て右に曲がるからです。

フィニッシュ直前までずっと「右」

上半身の動きでフックを打とう

右重心で打つからこそ、最初にフックを打つ動きを身につけ、球をつかまえる感覚を養うことが重要です。球をつかまえる動きというのは、フェースローテーションです。開いたフェースを閉じながらインパクトすることで、球にフック回転を与えます。

この動きは、下半身の動きを排除して、上半身だけのスイングでやってみるとわかりやすいと思います。まずは両足を閉じて立ち、前傾せずに肩の高さで水平素振りをしてみてください。**クラブヘッドが体を中心とした円を描き、顔の前で開いていたフェースが一気に閉じます。**これがゴルフスイングの腕の動きです。

その感覚がわかったら、上体を前傾させて球を打ってみましょう。足は閉じたままで構いません。上手く打てると、球は左に飛び出し左に曲がるはずです。つまり、**上半身の動きを自然に行ったらフックしか出ない**のです。

フェースローテーションでフックを打つ

まず前傾せずに直立し、肩の高さでクラブを水平に振ってみる。これを前傾して行うと、左に飛び出し左に曲がる球が出る

左腕が上にあるテークバックから、フォローでは右腕が上にくるように腕を入れ替える動作がフェースローテーションを生む

下半身はスライスの動き

下半身を固定して腕だけ振る動き、つまり上半身の動きがフックを生むのに対して、下半身の動きはスライスを生みます。

ゴルフスイングでは、**インパクトの瞬間はアドレス時よりも腰が目標方向に回転し、いわゆる「腰を切った」状態でインパクトします。**この腰を切る動作は、腕の振りよりも体の回転が先行する動きで、簡単に言うと「振り遅れ」の状態を作っていることになります。

下半身を止め、体を正面に向けたまま振ったときは、フェースターンは顔の前＝腰の正面で起こります。しかし、これに腰の回転を加えるとクラブヘッドが顔の前＝腰の向きよりも右にあるときにはまだフェースは返っていません。これが「振り遅れ」の正体です。

下半身を止めて振ったときには、左に出て左に曲がるフックが出ましたが、下半身の動きを足していくにつれ、フックが弱まっていくはずです。

腰を切る動きはスライス要因

下半身が先行し、インパクトで腰が目標方向に回っている「振り遅れ」の状態が大きければ大きいほどボールはスライスする

上下の動きの合成で真っすぐ飛ばす

ゴルフスイングは本来、上半身のフックと下半身のスライス、この2つの動きの合成で球筋が決まります。簡単に言えば、**上半身よりも下半身の動きが強い人はスライスになり、下半身よりも上半身の動きが強い人はフックになる**わけです。

ところが、スライスに悩むアマチュアには、この逆転現象が起こっている場合も多々あります。最初に説明した上半身の動きが正しく行われていないため、フェースが返らず、腕の動きでスライスを生み、それを相殺するために下半身を止めてフックの要素を追加しているのです。これでは、偶然上と下の均衡がとれて真っすぐ球が飛ぶことがあったとしても、エネルギー効率はすこぶる悪く、飛ばすことはできません。

さらに、こういう人に「腕をしっかり振ってフェースを返せ」とアドバイスしても、下半身が止まったままなので引っかけしか出なくなりますし、「もっと下半身を動かそう」

とアドバイスすると今度はプッシュスライスしか出なくなります。悪い点だけを見てワンポイントアドバイスをすることの危険性は、こういうところにあるのです。

僕が「まずフックを打って球をつかまえる動きを身につける必要がある」と主張するのは、まずこの順番を整えるためです。**最初に腕の振り方を覚えて球をつかまえ、そこに体の動きを足していくことでしか、飛ばせるスイングは身につかない**のです。

いま、肩の高さで水平素振りをしてみて、腕の動きに違和感がある人、顔の前でフェースがターンせずに手元が左に流れてしまう人は、おそらくこの逆転現象が起こっているスイングだと思われます。

少し遠回りになるかもしれませんが、まずは練習場でどフックを打つ練習から始めてください。下半身を固めて上半身はリラックスし、しっかりフェースを返して球をつかまえる。このときも、決して上体が突っ込まないように注意し、「ビハインド・ザ・ボール」を意識してください。まずは足を閉じたところから。できるようになったら少しスタンスを広げて打ってみましょう。そこから少しずつ下半身の動きを足していき、薄いフック、ドローと進んでください。

ていく。その過程で、いちばんバランスよく飛ばせるところを見つけよう

下半身と上半身のバランスが整えば真っすぐ飛ばせる

腕をしっかりとローテーションし、球をつかまえられる上半身に、下半身の動きを足していくと、フックが緩和されボールは真っすぐに近づい↗

フェースターンは勝手に「起こる」のがいい

みなさんは、水平素振りでフックの動きをやってみたとき、フェースターンをどのくらい意識したでしょうか。

本来、自分の体を中心にヘッドをまぁるく振ることができれば、フェースターンは意識せずとも自然に「起こる」動きです。僕自身、「フェースは返っていますか」と聞かれれば「YES」ですが、「意識してフェースを返していますか」と聞かれれば「NO」です。正しい軌道でスイングした結果、自然に起こるものであり、結果としてそれが感じられるのがいい状態だと思います。これを意図的にやろうとしすぎると、腕や上体に力が入りやすく、スムーズなスイングを損なう危険性が高くなります。

しかし、もともとフェースを正しく返す動きが身についていない人に、「自然に振れ」と言ったら、上手くいかないのも事実です。とくに、水平素振りのときと前傾したときでは、フォロー側のフェースの感じ方は変わり、正しい位置に収めるには強めにターンしている感覚が出やすいですから、最初は意識しながらやることも必要かもしれません。

前傾したときの感覚をチェックしよう

水平素振りでは無意識にフェースターンできても、前傾するとその感覚は変わってしまう。前傾したときの感覚をチェックしておこう

スイング軌道はわずかに横に潰れた楕円

ドライバーのスイング軌道について、「アッパー」か「レベル」か、それとも「ダウンブロー」かという論争があります。実際に計測してみると、ヘッドスピードが速い男子プロの多くはレベルからややダウンブローくらいで球をとらえている場合が多く、ヘッドスピードが遅めの女子プロの場合はアッパーめにとらえている人が多いようです。これはもちろん、持ち球や使っているクラブのロフトなどにより人それぞれですから、あくまで平均的な傾向であって、みんながそうであるという意味ではありません。

僕の場合、実際の数値はわかりませんが、感覚的にはわずかにアッパーにとらえているイメージがあります。しかし、だからといって意識的にアッパーにスイングしているわけではありませんし、そうすることもお勧めしません。

水平素振りをしたときのヘッド軌道をイメージしてください。**スイングはあくまで大き**

な円であり、そのなかの通過点にボールがあると考えてほしいのです。

ではなぜアッパーのイメージかというと、ドライバーはティアップし、左寄りにボールを置くからです。その結果、スイングの最下点を過ぎて少しヘッドが上向きに動き始めたところでインパクトするというイメージです。ですからアッパーといっても、この円を右や左に傾けてスイングするわけではありません。あくまで円軌道のなかの上昇し始めた段階でインパクトしていることを「アッパー気味」と表現しているのです。

さらに言うと、スイング軌道は「真円」ではなく、少し横に潰れたような「楕円」です。スイング中はボールより右側に体を置いておきたいので、本来の軌道の中心はボールより後方にありますが、インパクトからフォローにかけて、クラブが目標方向に放り出されるように遠心力が加わっていきます。そして右の肩甲骨に引っ張られるように最後に体も左に移っていくため、フォロー側の円も目標方向に引っ張られる形です。

この左右に潰れたぶんだけ、インパクトゾーンにゆるやかで直線的な軌道が生まれます。そこで球をとらえることができれば、インパクトでボールを長く押すことができ、スイングのエネルギーを効率よくボールに伝えることができるのです。

遠心力で横に潰れた楕円軌道が理想的。インパクト直前に最下点を通過し、ティアップされた球をわずかにアッパーにとらえる

楕円軌道がエネルギー効率がいい

「親指」と「人差し指」を放して振ってみよう

スイング説明の最初でも触れましたが、力まず振るためには「グリップ」が非常に重要です。握り方は人それぞれで構いませんが、力みにくいことが絶対的な条件です。手に力が入った瞬間、上体も力み、クラブの重さを感じられなくなり、スイングはスムーズさを失って、体を右サイドに残しておくことができなくなります。

手に力を入れずにスイングする感覚を養うには、グリップの指を何本か放してスイングしてみるのが効果的です。とくに、親指や人差し指に力が入るのはＮＧですので、両手の親指と人差し指をグリップから放してスイングしてみてください。

多くの方はクラブを重く感じるはずですが、この重さこそがスイング中に感じるべきクラブの重さなのです。

たとえばアドレスの段階から普段よりもクラブが重いなと感じた人は、普段もアドレス

クラブは下から支えて持つ

親指や人差し指に力が入っているとクラブの重さは感じられない。両手の親指と人差し指を放したグリップでスイングしてみよう

から力んでいる証拠です。正しいグリップは、クラブを小指、薬指、中指で下から支えるように握るので、親指と人差し指を放しても感じる重さはほとんど変わらないはずです。

手が力まなければ「捻転差」を作れる

先述の、親指と人差し指を放した状態で軽くスイングしてみて、どこかで急にクラブが重くなってスムーズに振れなかったりインパクトで振り遅れる人は、普段から手の力を使って無理矢理クラブの軌道を操作している証拠です。**正しい軌道でスイングできていれば、スイング中に感じるクラブの重さは大きく変わりません。が、動きが乱れた瞬間、余計な負荷がかかります。そしてそれを調節しようとして手に力が入るのです。**

切り返しでは、テークバック方向にかかっていたクラブの重さがダウンスイング方向に方向転換しますが、この重さを手でコントロールしようとするのも力みの大きな要因です。手に力を入れず、体で受け止められれば、その重さで体がねじれ、飛ばしの原動力となる「捻転差」が発生するのです。重くて大きいメディシンボールやカバンなどを両手で持って振ってみると、手に力が入らないので、切り返しで体がねじれる感じがわかるはずです。

「切り返しで体のねじれを感じたい」——

手に力が入っていなければ、切り返しで
上半身と下半身の捻転差を感じられるが、
力んだ瞬間にその感覚は消えてしまう

はるかに軽いゴルフクラブを振る場合でも、同じような感覚が必要です。それを体感するのに、指を放した素振りはとても有効なのです。

「重さを感じられる範囲内で軽いクラブ」が理想

ゴルフにおいて、クラブ選びは非常に難しい問題です。さまざまなメーカーからたくさんのモデルが発売されており、どのクラブも例外なく「飛ぶ」ことを売りにしています。

僕たちプロはクラブ契約があったりして、実は使えるクラブが限られていたりもしますが、一切制限なく、膨大な選択肢のなかから自由に選べるアマチュアのほうが、むしろ迷ってしまうかもしれませんね。

まず、**クラブ選びでいちばん大事なのは、〝重さ〟です。**

物理的には、クラブが軽いほうが速く振ることができますから、ヘッドスピードは上げやすくなります。しかし、スイング中にクラブの重さを感じながら振ることができなければ、スイングはスムーズさを失い、力みにつながります。この、「重さを感じられる範囲内で軽いもの」がいちばん飛ばせるクラブということになります。

クラブの重さを感じながら振ろう

写真のように、両手のひらにクラブを乗せて振れば、重さを感じられる。普通にグリップしても、これと同じ重さを感じて振りたい

なんだか禅問答みたいですが、この最適値を見つけることこそ、クラブ選びの極意なのです。

気持ちよく振れれば力まない

グリップのところでも説明しましたが、クラブを持ったときにグリップにギュッと力が入ると、クラブの重さを感じることはできません。反対に、**手や腕に一切力を入れないでリラックスしていれば、爪楊枝1本の重さでも感じることができます。**その意味では、力まずに振れるクラブであることが非常に大事です。

またそこには、シャフトのしなりや硬さなどの要因もかかわってきます。同じ重さでも、シャフトがやわらかいものはヘッドの重さを感じやすいですが、シャフトが硬いと感じにくくなります。しかし、シャフトの部分がヒモのようにやわらかすぎたらタイミングをとりにくいですし、もちろん硬すぎると力みにつながります。

ここで注意してほしいのは、クラブの重量やバランスなどを物理的に重くすることで、無理矢理に重さを感じようとしてはいけないということです。

「軽いものを重く感じて振りたい」——

気持ちよく振れるちょうどいい重さやシャフトのしなりのあるクラブは、切り返しで力みにくく、重さを感じながら振りやすい

ドライバーが特殊なクラブになりつつある

14本のクラブのなかではドライバーがいちばん長く、次に長いのが3W。以下、番手が下がるにしたがってクラブは短くなり、ロフトが増えていきます。

また、ドライバーがいちばん軽く、短い番手になるにしたがって少しずつ重くなっていくことが重要です。そしてこの「重さの階段」は、間隔が均等でスムーズにフローしているのが理想的。ですから、ドライバーを新調したいときなどは、セッティングのなかで他の番手も含めた重量や長さの流れを重視して選ぶのが基本でした。

しかし近年では、14本のなかでドライバーだけが特異なクラブになりつつあります。

キャリアの長い方はご存知だと思いますが、パーシモン時代のドライバーは、43インチ前後が主流でした。しかしいま、43インチといえば3Wの長さです。そして、それを基準に5Wは42・5インチ、7Wは42インチというように半インチ刻みで短くなっていくのに対して、ドライバーの平均的な長さは45インチを超えています。

また、ヘッドの大きさも、大きめの3Wでもヘッド体積が200cc前後なのに、ドライバーは460ccが主流です。

こうなると、3W以下の13本とドライバーとの間に、セッティング上のスムーズな流れを作ることは難しくなってきています。

僕は、14本全体に統一された流れがあったほうがゴルフをしやすいと感じますが、いまやそういう考えは時代遅れかもしれません。とくに長尺ドライバーを使っている人などは、ドライバーはほかの13本とは別物と考え、ある程度セッティングの流れを無視して選ぶほうがいいのかもしれません。

事実、大型ヘッドは当たりそうな安心感を与えてくれますし、ミスヒットにも強い。また、**長尺クラブはタイミングよく振ることさえできれば、ヘッドスピードアップに大きな効果があります**。そしてこれらは、技術の進歩により、アマチュアにとっても非常に身近なものになりつつある。小さなヘッドの短いドライバーで球筋を作るよりも、大きくて長いクラブに任せて、オートマチックに振れるのであれば、その恩恵は大きいはずです。

45インチ
以上の長さが
標準的
大型ヘッドで
重心が低く
深くなっている

14本の長さと重さの流れ

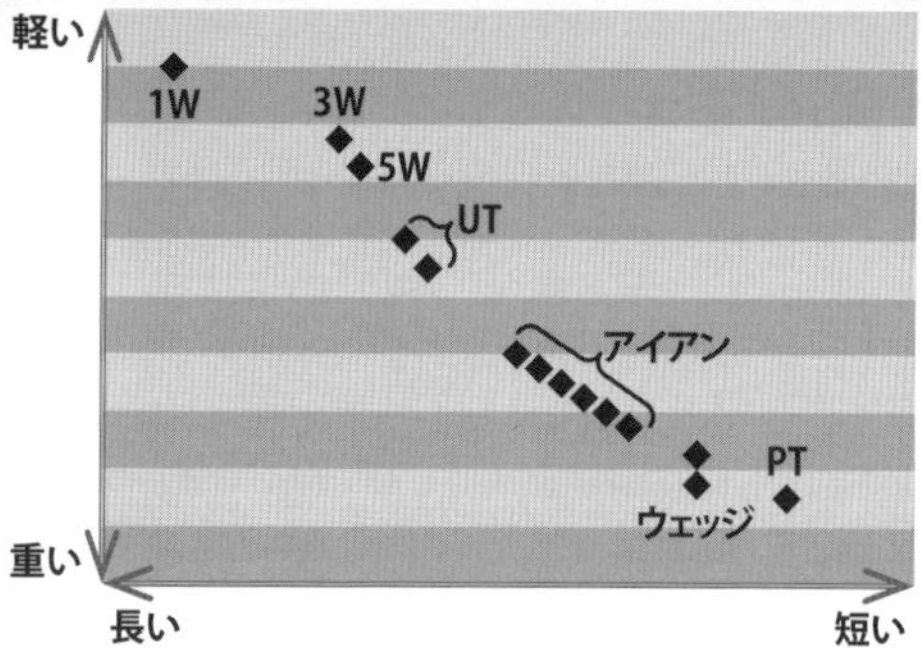
軽い
重い
長い
短い
1W
3W
5W
UT
アイアン
ウェッジ
PT

小さい番手ほど短く、重くなるように14本が階段状に流れているが、ドライバーだけが離れ小島のように孤立している

ヘッドが大きく、長くて軽いドライバー

近年のドライバーは460ccのヘッドが標準的で、長さも45インチ以上がほとんど。重さも軽くなって「別モノ」になりつつある

「やさしいクラブ」は人によって違う

飛距離を伸ばすためには、クラブの機能を最大限に引き出し、その恩恵を受けることも重要です。昔はよく、「難しいクラブを使って、それを使いこなせるように練習しろ」なんて言葉をよく聞きました。こと練習という側面に限っては一分の理があるかもしれませんが、スイングを考えるうえではこれはナンセンスです。

そもそも「やさしいクラブ」とはどんなクラブかイメージできますか？

一般的な意味では、球がつかまりやすく、上がりやすいという意味でつかわれることがほとんどです。しかし、プロのように速いヘッドスピードでしっかり球をつかまえて打つ人にとって、つかまりすぎるクラブは引っかけが出やすく決してやさしくありませんし、球が上がりすぎるクラブは飛距離のロスにつながります。

その意味では、「やさしいクラブ」とは、「自分の求める機能を過不足なく備えているクラブ」で、その答えは十人十色。決まった答えはありません。つまり、力まず気持ちよく振ったときに、適正な弾道が出て、いちばん飛ぶクラブが「やさしいクラブ」なのです。

求める機能を備えたクラブが「やさしい」

力まず気持ちよく振ったときに芯に当たって、適正な弾道が出て飛ばせるクラブが、自分にとって「やさしいクラブ」だ

適正スペックを選ぼう

いまだにアマチュアの間には、**「飛ばし屋はロフトが立ったクラブを使う」などという間違った幻想**を持っている人が多いようです。しかし、男子プロにもロフトが11度を超えるドライバーを使う人もいますし、反対にロフトが9度以下のドライバーを使う女子プロもいます。どちらも、自分のスイングで適正な弾道を得るための最適値を探した結果にほかなりません。

さらに、ロフトの数字にこだわることも無意味です。いまのドライバーはヘッドの重心位置がさまざまで、ロフト表示が9度でも球が上がりやすいものもあれば、10・5度でも上がりにくいものもあります。表示ロフトの数字にとらわれず、必ず実際に打って確かめてください。

何より注意してほしいのは、**球が上がらないクラブは百害あって一利なし**ということです。気持ちよく振っても球が上がらないクラブを使っていると、自分で球を上げようとする心理が働き、気づかないうちにすくい打ちが身についてしまいます。

球が上がりやすいクラブを使おう
球が上がりにくいクラブで球を上げようとするとスイングを壊す。しかし、必要以上に上がりすぎるクラブも飛距離を損なう
自分にとっての適正ロフトを見つけよう

「スイング軸」は連続素振りで感じよう

スイング論を語るときによく話題にされるテーマのひとつに、「スイング軸」の問題があります。ひと昔前はよく、1軸か2軸かというカテゴライズが流行りましたし、その軸のイメージも、1本の線のように細いという人もいれば、丸太やドラム缶のように太い軸を想像しろという人もいます。最近でも「スタック&チルト」に代表される「左1軸」などという話題はよく耳にします。

このように軸について具体的に説明することは、イメージを明確にしやすい反面、それにとらわれてしまう危険性もつきまといます。なぜなら、軸を1本の細い線のようにくっきりさせられればビジュアル的にイメージしやすく、実際に回転しやすいかもしれませんが、スイングの連続写真にその線を書き込もうと思っても、全部のコマでピタリと位置するわけではありません。スイング中は体重移動が起こっていますし、そうなると軸の位置はスイング中に動くということになってしまいます。けれども、スイング中に軸をスライドさせている意識があるかというと、それも違います。

つまり、ハッキリとした軸をビジュアルで明確に指示することはとても難しいのです。だから僕個人としては、みなさんにはそういった画像や言葉のイメージではなく、自分の体の中の感覚として軸を実感してほしいと思っています。

軸を感じるには、**「連続素振り」**がベストです。

振り幅も形も左右対称になるように、そしてできる限り等速で、クラブを左右に連続で振ります。最初は足を閉じたまま、スムーズに振れるようになってきたら少しスタンスを広げてフットワークを使い、実際のスイングに近づけていってください。クラブの動きを手で妨げず、クラブヘッドがきれいな円を描くようなイメージでよどみなく振りましょう。

左右均等に、等速で振れるようになったら、その動きの中心となっているところがスイングの軸です。スイングのどこかに引っかかりがあってスムーズに連続素振りできないと、軸の位置も定まりません。フルショットのときも、この軸の存在をしっかりとイメージし、それがブレることなくスイングできるようにすることが大事です。

で振ることが大事。連続で振っていると、自然と軸が体感できるようになる

「連続素振り」で軸を感じよう

最初はフォロー側から振り戻す感覚でスタートするとスムーズ。ヘッドの重さを感じながらヘッドがまあるく円を描くように、左右対称、等速↗

クラブが体に巻きつくように振ろう

最近のシャフトは余計な力を使わなくてもとてもスムーズにしなり、スピーディにしなりが戻ります。**いまどきのドライバーの機能を引き出して飛ばすためには、シャフトをいかに上手にしならせられるかを考える必要があります。**

シャフトのしなりをうまく引き出すには、スイングの「タイミング」が肝心です。そのイメージは、**ぐにゃぐにゃのホースやベルトなどを振る感覚**に近いかもしれません。

腕力に任せてビュンビュン振ってしまうと、「ホースの先端」＝「ヘッド」はきれいな弧を描けずにたわんでしまいます。これは、遠心力が使えていない状態を意味します。

手元を速く振りすぎず、トップやフィニッシュでホースが体に巻きつくようなイメージで、ホースの先端がトップの位置に届くまで十分に待ってから、ゆっくりと切り返して振れれば、ホースの先端が走って大きな弧を描きます。

スイングはタイミングが大事

やわらかいホースを振るように、トップとフィニッシュでクラブが体に巻きつき、それが巻き戻るタイミングで振るイメージ

レディスクラブを振ってみる

実際にホースやベルトなどを振ってみるのもいいですが、身近に女性ゴルファーがいるなら、レディス用のドライバーを借りて球を打ってみると、より実際のスイングに近い感じでそのイメージが理解できると思います。

シャフトのしなりを意識しながら、打ち急がずにタイミングを取って振れれば、やわらかいシャフトの女性用ドライバーでも、球を真っすぐ飛ばすことができます。上手くフェースに当たらなかったり右にすっぽ抜けるような球が出てしまう人は、切り返しで我慢できずに打ち急いでいる証拠です。

こういった動きには、軸を感じることや、グリップを強く握りすぎずにクラブの重さを感じること、切り返しで一瞬止まるような感覚をもつことなど、これまで説明してきたスイングのポイントが要求されます。

シャフトのしなりを感じでスイングを！

女性用のクラブなど、シャフトのやわらかいクラブでも振り遅れないように、ダウンスイングでワンテンポ「待つ」感覚が欲しい

とくに、やわらかいシャフトのレディスクラブで「ダブルインパクト」のイメージでスイングができるようになれば、クラブの機能を引き出して大幅な飛距離アップが期待できるはずです。

スイングは〝歩くように〟左右を入れ替える

スイングは「回転運動」ですが、ボールにパワーを伝えて飛ばすためには、「左右の入れ替えの感覚」も必要です。テークバックでは右の股関節に乗りながら左の肩甲骨を押し込むように上げていくのに対して、フォローでは左の股関節に乗りながら右の肩甲骨が押し込まれていきます。この動きは、歩く動作に似ているかもしれません。

歩くときは、右足を前に踏み出すときは右足に乗って左腕を前に振り出し、左足を前に出すときはこの逆です。この動きは、回転というよりは右、左と体を入れ替える動作です。意図的にやって歩いている人はあまりいないと思いますが、手を大きく振り大股で歩いてみると、体がねじれる感覚はわかるのではないかと思います。

歩くときのように体を入れ替えることによって「捻転」を生むことができれば、スウェイしにくく、自然に大きなパワーを生むことができるのです。

スイングも右に乗って、左に乗る動作

右足に荷重し左手を振り出すテークバックは、歩くときに右足を踏み出す動作に似ている
左足に荷重し右手を振り出すフォロースルーは、歩くときに左足を踏み出す動作と似ている

歩くように振れれば、自然と「カベ」もできる

歩くときのように体を上手に入れ替えることができると、自然とスイングの「カベ」が生じます。

僕は、よくいう「左のカベ」を意識的に作るような感覚はありませんし、みなさんにもそこを意識してほしくありません。この部分は、スムーズな動きができていれば自然と生じるものだと考えています。

先ほども歩く動作を例に出しましたが、ためしに左手と左足を同時に出して歩いてみると、なんだか体が流れてバランスを崩しやすいのがわかると思います。しかし、**正しく腕と足を動かして歩けば、左足を踏んで右足を前に出そうとするときに、そこには自然と左股関節で体を受け止める「カベ」ができています。この感覚が理想です。**

本来、体幹の力が強いほどこの「受け止める力」が強くなり、速く振ってもバランスを

崩しにくくなります。スポーツカーにいいブレーキがついているのと同じで、受け止める力が強いほどスピードを出すことができるのです。

「受け止める力」が強いほど飛ばせる

「左のカベ」は意識的に作るものではないが、体幹が強く、このカベが頑丈なほど、強く振っても軸がブレず、速くスイングできる

飛ばしのパワーは〝しなやかさ〟が生む

体幹の力をブレーキにたとえましたが、パワーを出すのは〝しなやかさ〟です。ここまで、「力んではいけない」「力を出しすぎてはいけない」と繰り返してきましたが、これらはスイングのしなやかさを損なうからです。

野球のピッチャーが球を投げるとき、腕や体がムチのようにしなやかに動きます。ゴルフスイングも、腕や体をしなやかに使えれば使えるほど、クラブヘッドのスピードを出すことができます。

だから、飛ばしたいときほど、力んでパワーを出そうとするのではなく、リラックスして体をふにゃふにゃに、ムチのように使うことが重要なのです。

スイングのコツとは、**ふにゃふにゃに動いてもフェースや軌道を暴れさせず、方向性を維持すること**と言ってもいいかもしれません。

アンダースローでボールを投げるイメージ

アンダースローでボールを投げるときのように、腕や体をしなやかに使いたい。力みがなければ腕をムチのように使うことができる

まずは「ゆるゆるで振る感覚」を身につけよう

しなやかな動きと、張りのないゆるんだ動きは違います。

前者は、力みはないけれども要所にテンションがかかっていて、しなった後にしなり戻ってくることができますが、後者はただぐにゃぐにゃなだけで、しなるというよりも、関節が力なく曲がってしまうような感じです。

しかし、実際にはしなやかに動く場合も関節は曲がりますし、写真などでこの差を表現するのはほぼ不可能です。またこの感覚を体得していない人が実際にやろうとしても、テンションをかけようとした瞬間に関節を固めてしまうことにつながります。

ですからまずは、テンションがなくてもいいので、とにかくゆるんだ状態でスイングする力感を身につけてください。それで球を打とうとしても曲がるかもしれませんが、どこも固めずにやわらかくスイングすることができなければ、しなやかな動きは生まれません。

どこにも力を入れずに振ってみよう

ひじや手首、ひざなどのあらゆる関節をゆるゆるにして、クラブも「握る」のではなく、関節にクラブが引っかかっているくらいの感覚でグリップできるのが理想です。

ひじやひざ、手首などあらゆる関節をゆるめて、リラックスして振るところから始めて、しなやかな動きを体得しよう

体のどこも固めずにスイング

「背中からヘッドまでの長いクラブ」を想像しよう

関節を固めずにゆるゆるに使う感覚を、実際に球を打つ際にもどのくらい残しておくことができるかが飛ばしの重要なポイントです。下半身にはある程度のテンションがないとスウェイやスピンアウトにつながりますが、とくに**上半身は脱力できればできるほど飛ばせる**と考えてください。

ここまで説明してきた切り返しの感覚やフェースローテーションなども、一切自分の力で行うのではなく、すべてが「自然とそうなる」という境地に達することができれば理想です。

最終的には、**背中の中心からクラブヘッドまでが1本の長いクラブだというイメージで、その60～70インチあるシャフト全体がスイングのエネルギーでしなって、その反動で戻ってくるような感覚**になれれば最高です。スイング中どこかに余計な力が入った瞬間、その関節はロックしてしまい、そのぶんクラブが短くなって使える遠心力が減ってしまうと考えてください。

遠心力を最大限に活用しよう

背中からクラブヘッドまでが1本の長いクラブで、それ全体をしならせて使うイメージでスイングできれば遠心力を最大に使える

球を打つだけが練習じゃない

力まずにしなやかに振るうえで、いちばん大きな障害となるのが「インパクト」と「ボール」の存在です。ボールにインパクトしよう、**ボールを飛ばそうという意識が力みの最大の原因**なのです。その点、「素振り」にはボールもインパクトもありません。

僕は高校時代、ひたすら素振りばかりして、1年間で１００ｙ近く飛距離を伸ばしました。当時は練習場で満足に球を打てる環境がありませんでしたし、ほかのジュニアの選手のようにコースにたくさん出ることもできないなかでのいわば苦肉の策だったのですが、素振りという練習は、むやみやたらと球を打つよりもはるかに効果的な練習でした。

練習場で球を打っていると、どうしても球の行方が気になりますし、ナイスショットを打とうとしてしまいがちです。そしてコースではついスコアに意識が行ってしまいます。その点、素振りなら、自分のスイングに集中することができます。

もっと素振りをしよう！

ボールを打とう、飛ばそうという感覚を排除してスイングできる素振りは、むやみにボールを打つよりも効果的な練習だ

「練習する時間がない」「お金をかけずに飛距離を伸ばしたい」という人は、ぜひ素振りをしてみてください。

「風切り音」がスイングの先生

練習場で球ばかり打っている人にとっては、素振りではそれがグッドスイングなのかミススイングなのかの判断がつかないと思うかもしれません。たしかに実際に球を打てば、ナイスショットになったりミスショットになったり、結果が視覚的にわかりやすいかもしれません。しかし、出球にばかり気を取られていると、スイングが悪いのにたまたま芯に当たってしまったスイングも本当のグッドスイングもなかなか区別がつきません。

その点、**素振りには「音」という判断基準があり、音は決して嘘をつきません。**自分のスイングの風切り音がどこで、どのように出るのかに耳を傾けると、スイングがよかったのか悪かったのか、明確にわかります。

風切り音が揃うように、そして必ず体の左側、フォローサイドで鳴るように試行錯誤しながら練習すれば、自ずとスイングはよくなり、飛距離も伸びていくはずです。

フォローで「ビュン！」と音を出す

インパクト以降もヘッドを加速させてスイングできていれば、フォローサイドで風切り音がし、それが左耳で聞こえる

理想のスイングの形をなぞる「60秒素振り」のすすめ

「ビュンビュン」と音を立てて振る素振りのほかに、1スイングに時間をかけてゆっくりと行う素振りもとても有効です。

僕が高校時代に一生懸命やった素振りのひとつに、「60秒素振り」というものがあります。**1回のスイングをものすごくゆっくり、それぞれのポジションを入念にチェックしながら行う素振り**です。

実際に流れのなかでスイングする際には思うようにいかなくても、ゆっくりとならば自分の理想とする正しいスイングができるはずです。どこをどういう順番で動かすのか、どこの筋肉を意識するのか。力感はどうなっているか。どのポジションのときにクラブはどこにあるのか、フェースの向きはどうなっているのか……。自分の内面と向き合い、そういったことを細かくチェックしながらスイングすることで、スピードのある素振りではわからないポイントに気づいたり、「いい形」を具体的にイメージすることができ、スイングをブラッシュアップすることができます。

1スイングに60秒かけてみよう

フェースの向きや体のポジションなど、スイングの細部をチェックしながら、1回のスイングに60秒の時間をかけて行う

アフターショットのルーティンも大事にしよう

キレイなスイングを身につけ、練習場でナイスショットできたからといって、コースでいつもいい球を打てるとは限らないのが、ゴルフの難しいところです。

いつも「普段どおり」のショットをするために重要なのが「ルーティン」です。ティアップや素振りなど、ショットをする前にいつも決まった手順を踏むことで、自然と「普段どおり」の動きができるようにするテクニックです。

僕がみなさんに提案したいのは、**「プレショット」＝「打つ前のルーティン」だけでなく、「アフターショット」＝「打った後のルーティン」も大事にしてほしいということです。**ナイスショットでもミスショットでも打った後の動作を変えず、ボールが落ちるところまでフィニッシュの姿勢でしっかりと見送り、ティを拾って歩き出す。たとえそれがＯＢでも、慌てることなく同じ動作をとることができれば、ショットの安定感もアップしますよ。

打った後の動作もいつも同じに

ショットの前だけでなく、打った後の動作もルーティン化し、ナイスショットでもミスショットでも、いつも同じリズムで、同じ動作を行えるように意識すれば、プレーのリズムも自然とよくなっていく

リズムよく歩くと、スイングのリズムもよくなる

いい選手というのは、ショット前後のルーティンだけでなく、コース内すべての行動がリズミカルで時間の使い方が上手いので、プレーのリズムがすごくいいものです。

ショットを打ってから次打地点まで歩くスピード、グリーンに上がる際のラインの読み方、細かなところでは水分補給やスコアの記入まで、すべてをよどみなく、リズムよく行うことによって、自然とスイングのリズムもよくなってきます。だからミスをしてもそこからズルズルと崩れて行くことがなく、すぐに「普段どおり」に戻って淡々とプレーすることができるのです。

こういった行動のなかでも「歩く」ということは非常に大きな部分を占めます。みなさんもまずは**「歩き方」から意識してみてほしい。**なるべくカートに乗らずに歩いてみると、意外とプレーのリズムもスイングのリズムもよくなるものです。

テンポよく、大股で歩こう

1歩1ヤードくらいの大股で、腕を振ってテンポよくスピーディに歩くことで、スイングやプレー全体のリズムもよくなる

歩くときは1歩1ヤードくらいのやや大股で、腕をしっかり振り、テンポよくスピーディに歩くことが大事ですよ。

飛距離アップは「脱力」の積み重ね

僕は高校時代、１年で１００ｙ近く飛距離を伸ばしましたが、普通はなかなかそんなふうに飛距離が伸びるわけではありませんし、僕自身にしても、ある日突然何10ｙも伸びたというわけではありません。飛距離アップは、ほんの少しの積み重ねなんです。

そして飛距離アップの過程というのは、「強振したら普段より飛んだ」というものではありません。強振して伸びた飛距離というのは大きな飛躍はありませんし、とても脆く、血肉にはなりません。

どちらかというと逆で、**力を抜けたことによって伸びた飛距離が大事**なんです。「普段より脱力できたら２～３ｙ伸びた」という経験がさらなる脱力を可能にし、「こんなにゆるく振ってもあんなに行くんだ」という積み重ねが飛距離アップの真実です。

おそらくみなさんのスイングには、力を抜けるポイントがまだたくさんあります。その意味ではたくさんのポテンシャルを秘めているとも言えます。それを見つけ出して「脱力」につなげることが、飛ばしの道なのです。

「力を抜いたら飛ばせた」経験を重ねよう
つねに脱力を意識し、脱力して振れた結果飛ばせた、という成功体験を積み重ねていくことが飛距離アップの最大の秘訣だ

「飛ばす意識を捨てること」が飛ばしの極意

この「脱力」が身についてきてはじめて、プロゴルファーの言う「振る」という感覚がわかってきます。普段よりも飛ばそうとするということは、もちろん普段よりもヘッドスピードを上げて振ることです。しかし、それは腕や上体のパワーで行うわけではありません。「飛ばそう」「速く振ろう」とすることは、どうしても腕や上体の力みにつながります。**プロの飛ばしは、どれだけ手の感覚をなくせるかの勝負なのです。**

ではどこでスピードを出すのかは、人によって感覚が違います。「お腹」という人もいれば、「足」や「腰」という人もいます。僕の場合は、どこかのスピードや出力を上げるというよりは、飛ばしたいときほど上体やグリップの力感を消し、しなやかに使うというイメージが近いと思います。その意味では、**いかに飛ばそうという意識を消せるかが、飛ばしの極意**と言えるかもしれません。

「飛ばそう」と思った瞬間力んでしまう……

広いホールや追い風が吹いているときなどはとくに、「飛ばしてやろう」という気持ちが湧くものだが、それをいかに抑えるかが大事だ

COLUMN.3

「ゾーン」に入ったときの不思議な現象

僕のキャリアのなかで、ものすごく集中力が高まり、いわゆる「ゾーン」に入ったことが何度かあります。

98年、大洗GCでの日本オープン、最終日、最終ホールでのミラクルショットもそのひとつです。

ティショットを右の林に打ち込み、2打目でも脱出できずに3打目を迎えたとき、幽体離脱したように30～40メートル上の視点から、これから打つ自分を見下ろしているもうひとりの自分がいたんです。そして木の間を通して打ったショットがグリーンに乗る様子を予知するように見ました。打つ前から「乗るのがわかっている」感じだったのです。だから林から走り出てグリーンを見に行ったのもいわば演技。そのくらい冷静でした。

95年、初優勝したフィリップモリスのウイニングショットとなった2打目も同じような感じでした。エッジまで190ヤード、ピンまで208ヤードあり、キャディの冨田雅哉は5番アイアンだといったのですが、僕は6番アイアンで打ってグリーンに乗り、ギャラリーが湧く様子まで予知するように「わかって」いたので、そのとおりに打ってイーグルチャンスにつけました。あのときも、ギャラリーに投げ込むウイニングボールを未使用の新品にすり替えるくらい冷静でした。

第4章

プロに近づく飛ばしの練習

HIDEMICHI TANAKA

「素振り」は場所と時間を問わずにできる最高の練習

ここまでスイングのメカニズムや飛ばしのコツについて説明してきましたが、正直なところ、飛距離は知識だけで伸ばせません。「こう動け」と説明しても、必ずしもそのとおりに体を動かすことはできないからです。だからこそスポーツには練習が必要なのです。

そこで第4章では、僕が実際にやってきた練習方法を紹介し、みなさんにも僕が感じた感覚を共有してほしいと思います。その練習方法の多くは「素振り」です。第3章でも素振りの大切さに触れましたが、素振りは場所と時間を選びません。自宅の庭先で、夜中にひとりでもできる練習です。そして何より、お金がかかりません。

ゴルフは、上達するためにはお金と時間が必要だと言われるスポーツです。しかし、頭を使って効率よく練習すれば、必ずしもその限りではありません。地味でつまらない練習かもしれませんが、確実に効果はあり、それは実際に球を打つ練習以上かもしれません。

僕が素振りに目覚めたのは高校生のときです。下宿させてもらっていた監督のマンションの屋上には鳥かごのネットがありましたが、打球音がうるさいので夜中には使えません。土日も日中はずっとキャディのバイトをしていて、練習時間を満足に取れませんでした。

練習としての素振りのいいところは、出球に左右されず、自分のスイングに集中できる点です。実際に球を打っていると、スイング自体の良し悪し以上に、ナイスショットだったか、曲がったか、飛んだか、飛ばなかったかというところに意識が行きがちになります。その結果、インパクトで合わせにいったり、必要以上に力んだりといった悪い動きを誘発します。試合前の調整にはそういうことも必要ですが、スイング作りという意味では、ボールに意識が行くことはメリットよりもデメリットの方がはるかに大きいのです。

素振りは、ボールを目の前にした実際のスイングと素振りのギャップをなくすことが最終的な目標です。徹底的に素振りを繰り返して、本番でもボールを意識しないで振れるところまで昇華できれば最高です。ですから、練習場で球を打つときや、コースでプレーするときに、素振りと何が違ってしまうのか、そのフィードバックを持ち帰り、そのギャップを消すような素振りをすることを忘れないでください。

練習1 連続素振り

素振りのなかでも基本と言えるのが、「連続素振り」です。この動きのなかにゴルフスイングのすべてが入っているといっても過言ではありません。ポイントは左記の3つ。

1.〔左右対称〕

本来のテークバックサイドである右に振る動きと、ダウンスイング～フォローにあたる左に振る動きを同じ振り幅で行うこと。左右対称に振れない場合は、どこかに余計な力が入り、手の力でクラブを無理矢理動かしている証拠。

2.〔等速〕

スイングを急加速、減速させずに、できるだけ同じスピードで振り子のように振る。

クラブの重さを感じ、その重さに任せて振ることができれば、自然と等速な動きになる。減速や加速も腕の力が悪さをしている表れ。

3.〔脱力〕

ひじや手首を固めずにやわらかく使い、ヘッドをまあるく振る。どこかが突っ張っているとと動きにスムーズさを欠く。

あまり細かい形を気にせず、往きと帰りが同じになるように、「イチ、ニィ、イチ、ニィ」とテンポよく振ります。「帰り」のスイングも気を抜かず、**ていねいに振りましょう。トップ、フィニッシュでねじれた体が自然と巻き戻る力を使って、反対方向へのスイングのきっかけにするのがポイント**です。

最初はスタンスを狭くして、その場で回るように振り、慣れてきたらスタンスを広げていきましょう。足踏みをするように振ると、リズムよく振れるようになりますが、このときなるべく頭の位置が前後左右にブレないようにしてください。頭がブレずにリズムよく連続素振りをしていると、自然と軸を感じられるようになってきます。また、フェースローテーションも発生するので、その感覚をしっかりと体に覚え込ませてください。

ことで、自然と軌道が整ってきて、軸を感じられるようになる

左右対称にリズムよく連続で振ろう

ポイントは1. 左右対称、2. 等速、3. 脱力。腕の力でクラブを振り回さず、ヘッドの重さに振られるようなイメージで往きと帰りを同じように振る ↗

練習2

2本持ち素振り

クラブを2本持って行う素振りです。ウェッジやショートアイアンなど、短めのクラブで行ってください。普段の倍の重さのものを振ることで、クラブに振られる感覚を養い、スイングを整える効果があります。

スイングを崩す最大の原因は、手を使ってクラブを操作してしまうことにあります。しかし、重いものならば手で操作しにくいので、クラブの遠心力に任せた本来のスイング軌道で振りやすくなります。とくに**切り返しからダウンスイングにかけては、腕力でクラブを引き下ろそうとせず、クラブの重さでねじり上げられた体が自然と巻き戻る反動とクラブ自体の重さを利用することが大事**です。

パワーアップ効果も期待できますが、重すぎるものを振るとケガの原因になります。重すぎると感じたら、2本のクラブを互い違いに持って振るとよいでしょう。

クラブの重さに振られる感覚を養う

重いものは腕力で操作しにくいので、クラブに振られる感覚が自然と身につき、スイング軌道やリズムがよくなる。重すぎると感じる人は、クラブを互い違いに持つことで、体への負担を軽減しよう

練習3 逆持ち素振り

クラブを逆さに持って行う素振りです。先ほどの2本持ち素振りと反対に、今度は軽いものをできるだけ速くビュンビュン振ります。これは、長くて軽いドライバーを使って行うのがよいでしょう。クラブのネック部分あたりを持ってスイングすることで、手元側が重く先端側が軽い状態になるので、振ったときに体感する重さはかなり軽くなります。

軽いものを速く振ることで、体に速いスピードのスイングを覚え込ませ、スイングスピードを上げる効果があります。

また、このスイングのあとにクラブを普通に持って振ると、クラブの重さを普段より重く感じることができます。この素振りによって、普段は感じにくかったクラブの重さを体感しやすくなります。先ほど説明した2本持ち素振りと交互に行うと、重さの差がより極端になるので、効果が高まります。

速いスイングを体に覚え込ませる

軽いものを速く振ることで、速いスイングスピードを体に覚え込ませる効果がある。この素振りのあとでクラブを普通に握ると、それまで感じにくかったクラブの重さを感じやすくなるので、力みを取るためにも効果的

体に
速いスピードの
スイングを
覚えさせる
ビュンビュン

練習4 コンパクトトップ素振り

小さなトップからフィニッシュまで振り切る素振りです。**球を飛ばすためには、スイングのフォロー側でいかにヘッドを加速させるかが重要。**しかしアマチュアの多くは、テークバック側に意識が行きすぎ、そちらでエネルギーを使い切ってしまうため、加速しながらインパクトを迎えることができません。フォローでしっかりヘッドを加速させ、僕が重要視する「ダブルインパクト」の感覚を養うためにも有効な練習法です。ポイントは左記の3つ。

1.〈コンパクトトップ〉

トップは手元が右肩に来るくらいまでのコンパクトな位置。ロスなく加速するために、ある程度いいポジションには納めたいが、あまりトップの形などを意識しすぎず、あくまでフォロー側に重点を置くことが大事。

2.〔ビッグフォロー〕

インパクトではなく、その後のフォローでヘッドが最速になるようにヘッドを加速させながら大きなフォローで振り抜く。スイングの風切り音が左耳で聞こえるようにスイングする。

3.〔バランスのいいフィニッシュ〕

無駄な力が入っていると、バランスよくフィニッシュを取れず、グラついてしまう。しっかりフィニッシュまで振り切り、振り戻した「第二のフィニッシュ」に収まれるような力感で振る。

腕や上体の力を抜いて、クラブの重さを感じながら振ることが非常に重要です。グリップはソフトに握り、クラブを目標方向に放り投げるようなイメージで振りましょう。切り返してすぐから急加速させようとせず、車のアクセルをゆっくりと踏み込むようにジワーッと加速していき、インパクトのあとで最高速に達するように振るのがポイントです。

テークバックの反動でクラブを振り下ろすのではなく、フォロー側でヘッドを加速させることに意識を置いて振る練習。クラブは手で振り下ろすのではなく、クラブの重さを利用してヘッドを加速させる感覚を養おう

フィニッシュまで一気に振り抜く
フォローで風切り音がするように

小さなトップからフィニッシュまで振り抜く

練習5

テークバックなし素振り

テークバックを一切せず、アドレスの位置からフィニッシュまで振り切る素振りです。先ほど紹介したコンパクトトップ素振りをさらに極端にしたような練習方法で、テークバックやダウンスイングの反動に頼らずに、フォローでボールを押し込んでいくときに体をどう使えばいいのかを確認するのに有効です。

止まった状態から反動をつけずにフィニッシュまで振り切るには、手から動き出したのでは上手くいきません。**まず下半身が回って、それにつられて上体が引っ張られていく感覚が必要です。**助走区間がないわけですから、無理にヘッドを加速させようとするのではなく、腕力を使わずに、クラブの重さに引っ張られてフィニッシュに収まるように振り切りましょう。このとき、フォローでどうやって体が回っていくのか、フェースはどのくらい返っているのかなど、細かなポジションを意識しながら振ることが重要です。

手に頼らず下半身主導で振ろう

練習6

手から始動する素振り

アドレスの位置にヘッドを置いたまま手元から始動して、ヘッドを引っ張るようにテークバックしてスイングする素振りです。

この動きは手に力が入っているとできません。ヘッドを地面に置き、グリップを脱力して手元というよりも胴体から先行で始動することで、ヘッドが腕や体の回転より遅れて動き、その反動でヘッドが跳ね上がるように上がっていきます。クラブの重さに任せてシャフトのしなりを使って切り返し、その勢いのまま振り抜いていきます。

これはクラブの重さを感じて振りやすく、**「クラブに振られる」感覚をつかみやすい練習方法です。手から始動するぶん、ヘッドが手元を追い越していく感覚もわかりやすく、自然と「加速させる」イメージがつかみやすい**のも特徴です。これは素振りだけでなく、実際に球を打ってもＯＫです。

実際は体から始動している

ヘッドよりも手元が先に動くが、実際はまず体が動き、それにつられて手が動き、さらにそれにつられてヘッドが動く。インパクトで振り遅れないように、ダウンスイングでヘッドが手元を追い越す感覚も大事にしよう

練習7

指放し素振り

グリップの指を何本か放してスイングします。スイングに力みが入ったときにいちばん顕著に出る症状は、手に力が入り、グリッププレッシャーが強くなることです。動きが悪いからそれを修正しようと手に力が入る場合もありますし、飛ばそうという気持ちなどから手に力が入り、それがスイングを崩す場合の両方があります。

いずれにしても、**手に力が入らないようにしてスイングすれば、おかしな動きではスムーズに振れませんし、手が悪さをして動きを損なうこともありません。**

Ｐ１０８では親指と人差し指を放すスイングを紹介しましたが、そのほかに小指を外してみるなど、とにかく手に力が入らない状態を作り、握りの強さを変えないようにスイングします。そしてその状態でスムーズに振れるところに上げ、下ろしてくることで軌道は自然と整えられ、その結果、つねにクラブの重さを感じながら振ることができます。

クラブの重さを感じながら振ろう

普段、体の動きが悪いため手先でクラブを操作して補っているところを、手に力が入らない状態を作ってスイングする。これならば体が正しく動かなければ当たらないため、自然と正しい動きが身につく

練習8

「水平」〜「前傾」素振り

肩の高さで水平素振りをし、その後、前傾しても同じ感覚を維持する練習です。

水平素振りでは、肩の高さの面に沿ってスムーズに振ることも、フェースローテーションも自然に行うことができるのですが、前傾した途端に感覚が狂い、これができなくなるのがゴルフスイングの難しいところです。

まず直立した状態で、肩の高さで水平にスイングしてください。このとき、顔の前でフェースがスクエアに戻るように振れれば、正しくフェースローテーションでき、球をつかまえられます。**次に、そこからアドレスの前傾姿勢を作って、先ほどと同じように肩の面に沿ってスイングしましょう。**腕の振り方はまったく同じです。このとき、前傾しても直立時と同じように腕が振れるように、ヘッドがどこに上がり、どこに抜けていくのか。どのくらい腕を返せばフェースがターンするのかといった感覚を体に覚え込ませましょう。

Step1 肩の高さで水平素振り
Step2 前傾して同じように振る

練習9

60秒 超スローモーション素振り

1回のスイングを60秒くらいかけてゆっくり行う素振りで、スイングの形や体の使い方を確認するのが目的です。**2～3秒で終わってしまうスイングを、その20～30倍の時間をかけて行うことで、普段意識が及ばない細部まで入念にチェックすることができます。**

できれば、好きなプロや強い選手のスイングを真似するなどして、「いい形」のスイングを真似してください。ただし、お手本を再現するためには、ある程度そのスイングを正確にイメージする必要があるので、連続写真やスローモーション動画などをできるだけいろいろな角度から見て、頭に叩き込んでおく必要があります。実際にやってみると、「プロは手元がこんなところを通るんだ」とか「こんなに体がねじれるのか」など、自分の感覚とプロのスイングの違いなどもわかって驚くと思います。ポイントは、左記の3つです。

1. できるかぎりゆっくり振る

始動からフィニッシュまで、できるかぎりゆっくり、同じスピードでスローモーションで行う。速くなってしまう部分、動きがぎこちなくなる部分は、動きに無理や不自然がある証拠。

2. できるかぎり正確に振る

理想としているスイングを正確に再現し、手元やクラブの通り道、フェースの向き、重心位置などあらゆる部分に意識を配る。

3. 動かす部位と順番に注意する

実際のスイングでは0・1秒以下の差を、1秒以上の差として確認できるメリットを生かし、どこが先に動き、どこがそれに追随して動くのか。どこに力が入りどこは抜けているのかといった動きの順番や力の入れどころを強く意識する。

この素振りは、5回もやると汗びっしょりになるほどの運動量です。トレーニング効果もありますし、練習前のウォーミングアップなどにも効果的です。

3
手首のコックはどのタイミングでどのくらい入るか
どこがどうねじれていくのか
4
トップの形を細部まで正確に再現
7
上体は開かず頭は右に残っているか
上下左右どの軌道からヘッドが入るか
下半身はどのくらい回っているか
8
インパクトの形も正確に再現しよう
11
右肩甲骨に体全体が引っ張られる
ここで初めて左足に体重が乗ってくる
12
フィニッシュも最高の形を再現しよう

60秒超スローモーション素振り

練習10

フック調節ショット

これは実際に球を打ちながら行いますが、まずしっかりと球をつかまえてフックを打つところから、フットワークを加えてフックの度合いを徐々に抑えていくことで、球筋をコントロールする練習です。

第3章で、「上半身はフック、下半身はスライス」と説明しましたが、その動きを実際にやってみて体感してみてください。初心者やゴルフを始めて以来スライスしか出ないという人にとっても**「球をつかまえる」という飛ばしの大前提となる基本技術を身につけることができ、非常に有意義**だと思います。スライスに悩む人は、つい「スライスを抑える」という発想で練習しがちですが、そうではなく、逆に強いフックを打つところから始めることが大事なのです。ポイントと手順は左記のように行います。

1. 手打ちで引っかけを打つ

まずは下半身を固定した上半身だけのスイングで、左に出て左に曲がる引っかけを打つ。前述の「水平素振り」と同じ腕使いで、しっかりヘッドをターンさせればボールはフックする。このとき、ベタ足のままで、体を回そうとする必要はない。

2. 少しずつフットワークを使ってフックを抑える

スタンスを徐々に広げながら、右の「1」のスイングに、腰を切る動きを加えることでスライスの要因を足していき、フックの度合いを抑えていく。

3. ほどよいところを見つけて薄いドローを打つ

腕の振りと腰の切れのちょうどいいバランスを探り、ゆるやかなドローボールが出るスイングを見つける。

スライスに悩む人にはぜひやってほしい練習ですが、現在左に曲がる球を打っている人も、一度基本に戻ってフックを打つところから始めてみると、意外な発見があったり、忘れていた基本を思い出すことがあるかもしれません。

Step1 足を揃えてフックを打つ

Step2 フットワークを足してスライスを打つ

手打ちのフックに下半身の動きを足していく

まずはフックを打って球をつかまえる動きを身につけ、そこから下半身の動き＝スライスの動きを足していっていい弾道を見つけよう。まず最初に球をつかまえることができなければ、スイングはその先には進めない

Step3 微調整しながらいい弾道を探す

練習場では1球1球ていねいに「練習」しよう

　この章では練習方法を取り上げてきましたが、そのほとんどは素振りです。

　もちろん球を打つ練習も上達のためには不可欠ですが、球を打つ練習にはいくつかの弊害もあります。それはこの章の冒頭でも述べましたが、やみくもに飛ばそうとしたり、真っすぐの球を打とうとするなど、出球に影響されすぎて体やクラブの動きがおろそかになることです。また、自動でどんどん出てくる球をポンポンと雑に打ちまくるのも、「練習」ではなく、ストレス発散の「打ちっ放し」でしかありません。

　せっかくお金をかけて球を打つのであれば、1球1球集中し、目的意識を持って「練習」する気持ちを忘れないでください。ただ打つだけでなく、ルーティンをきっちりやったり、素振りで動きを確認しながら打つことも必要です。

　これは、若いころ、球を打ちたくても満足に打てなかった僕からのお願いでもあります。

練習では目的意識を持って球を打とう

やたらと飛ばそうと振り回したり、真っすぐの球を打とうとするのは、出球に影響されて体の動きがおろそかになりやすい。どんな動きをしたいのか、それはできたのか、1球1球チェックしながらていねいに練習しよう

おわりに

僕は、レッスンの取材を受けるときはいつも、どんな表現をすべきかに非常に悩みます。ゴルフの技術というのは、「こうやれ」と言われてすぐにできるものではありません。たとえば「オンプレーンに振れ」と言われても、それだけではできませんよね。また、同じ軌道でテークバックしても、それを「真っすぐ引いた」と感じる人もいれば「インサイドに上げた」と感じる人もいます。さらには、本書でも何度か出てきた「フォローにインパクトがある感じ」というような表現も、誰にでもすんなり伝わるとはかぎりません。

そういった意味で、ゴルフのレッスンとは、言葉や文字にしてしまった時点で失われる感覚がたくさんあり、言葉によってイメージが限定されてしまうことによって上達の妨げとなることさえあります。それに加えて、これを読まれるみなさんの技術レベルやスイングのクセは十人十色です。実際にみなさんのスイングを見ながらマンツーマンでレッスンできれば指摘できる細かな部分も、一般論として表現せざるを得ません。

これは非常に歯がゆいことなのですが、同時にこうやって本として一般化したからこそみなさんに僕の経験を伝えることができるのも事実です。

ですので、本書を読むうえでみなさんに注意してほしいのは、言葉にとらわれすぎないでほしいということです。本書内でも何度か言ったように「フェースターン」とか「下半身主導」などといった感覚は、意識的にするものではなく、いい動きをした結果、できて初めて「そうなっている」と感じる類のものです。

大事なのはスイングのリズムや全体の流れです。そこを念頭に置いて、みなさんも実際にいろいろ試してみてください。いろいろやってみた結果、「たしかにこの感覚は、本に書いてあった感覚に近いかも」というところにたどり着ければ最高だと思います。

僕自身、まだ指導者になるつもりはなく、いまも苦労しながらゴルフに向き合っています。これからもがんばり続けますので、応援よろしくお願いします。

最後になりましたが、本書の出版にあたり多大なご協力をいただいた、ＫＫベストセラーズの武江浩企さん、構成者の鈴木康介さん、菊池企画の菊池真さんに、この場を借りて厚く御礼申し上げます。ありがとうございました。

田中秀道

■著者略歴

田中秀道（たなか・ひでみち）

広島県広島市生まれ。11歳でゴルフを始めた。瀬戸内高校卒業と同時に信和ゴルフに研修生として入社。2年後の1991年にプロテストに合格。1995年の『フィリップモリス・チャンピオンシップ』でツアー初優勝を果たすと、1998年の『日本オープン』でメジャータイトルを獲得。その後も勝ち星を積み重ね、国内通算10勝をあげた2001年末、アメリカPGAツアーの「Qスクール」最終予選に合格し、翌年からPGAツアーにフル参戦。並みいる強敵を相手に5年間シード権を維持したあと、2007年に日本ツアーに復帰。現在は試合に参戦しつつ、ゴルフ番組の解説やリポーターも担当している。著書は『田中秀道の166cmで300ヤード飛ばすメソッド』（竹書房）他多数。

プロゴルファーはなぜ300y《ヤード》も飛《と》ばせるのか
秀道流《ひでみちりゅう》「飛《と》ばし」の極意《ごくい》

二〇一六年十二月五日　初版第一刷発行

著者　田中秀道《たなかひでみち》
発行者　栗原武夫
発行所　KKベストセラーズ
東京都豊島区南大塚二丁目二九番七号　〒170-8457
電話 03-5976-9121
http://www.kk-bestsellers.com/
印刷所　近代美術株式会社
製本所　株式会社積信堂
DTP　株式会社菊池企画

■スタッフ
構成／鈴木康介
撮影／有原裕晶　イラスト／A子
協力／グラビティー・原田安浩
撮影協力／東京五日市カントリー倶楽部（東京都）
装丁・本文デザイン／石垣和美（菊池企画）
企画プロデュース・編集／菊池 真

ISBN 978-4-584-13760-4 C0075